郎
Oka

財産消滅

老後の過酷な現実と財産を守る10の対策

ポプラ新書
219

前書き

個人金融資産残高が、2021年に過去最高額を更新しました。その額、1992兆円。過去最高額を4期連続更新し、2000兆円の大台突破が目の前に迫っています。

不透明な景気の先行き、将来への不安、コロナ禍による家計への打撃などにより、「消費より貯蓄へ」の傾向が色濃く反映された結果が示されています。

ところが、今、この金融資産をめぐってのトラブルが続出しています。いざという時に親や配偶者のおカネが動かせない資金難民となる方が増えているのです。

いわゆる口座凍結や契約不能により、本人はもとより家族の財産を動かせない事態が多発しています。

なぜ、このように自分や家族の財産が動かせないのでしょうか？

それは、認知症高齢者の増加です。厚生労働省によると認知症高齢者は、2025年には約700万人になるとされています。これは、65歳以上の5人に1人が認知症となる計算です。認知症高齢者が増えるとともに、その保有する金融資産も膨らみ続けています。

メディアなどでは、未だに日本を高齢化社会と定義することがあります。日本社会はすでに高齢化社会を通り越しており、正しくは〝超高齢社会〟（65歳以上の人口割合が全人口の21％を超える社会）に突入していることを押さえる必要があります。

超高齢社会に突入したことにより、何が起こっているのか。

「老後に避けて通れない介護」に加えて、「老後に避けて通れない認知症」が人生のリスクとして大きく浮かび上がっているのです。

財産の所有者が認知症になると、その資産を動かすことが難しくなります。それは何も、口座の問題だけではありません。不動産を売却できなかったり、相続手続きがストップしてしまったりということが起こります。本人はもちろんのことその家族までもが、思いもよらぬ事態に遭遇してしまうのです。

認知症になると判断能力が低下してしまい、意思確認に支障をきたす可能性があります。本人に確認が難しいとなると、財産に関する様々な手続きが宙に浮いてしまうのです。本来、自分や家族の財産であるはずなのに……。

今まさに、あなたや家族が〝こんなはずじゃなかった〟という事態に遭遇する確率が格段に上がっていることを認識しなければなりません。これは何もいわゆるお金持ちだけに降りかかる話ではありません。どの家族にも起こり得ることで、場合によっては生活を回せなくなる恐れがあるのです。

なお、認知症により財産が動かせない事態は、本人に責任はありません。アルツハイマーや脳血管に関する病気から、認知症につながると言われています。

誰の身にも起こり得ることであり、私たちは今後ますます認知症に対する理解を深めていくことが求められています。

認知症になる前までは普通に生活をし、人生設計をしっかりと立てていたという方も多くいらっしゃいます。住宅資金、子どもの教育費、そして、〝老後の資金〟と一生懸命に働きながら貯蓄へと回していたのです。

にもかかわらず、老後の資金が漂流し始めています。本書に登場するようないざという時に動かせない、大変な思いをするケースが増えています。

これでは、何のために蓄えてきたのか分かりません。必要なときに必要なおカネを使うという当たり前のことができない社会になりつつあります。このことは、市場に資金が出回らないことを意味します。景気を冷え込ませるだけでなく、内需拡大への大きなボトルネックとなっている現実がそこにはあります。

本来であれば、国民の有する資産が有効に運用され、次代を担う成長産業に資金が供給されることが望ましいです。しかし、個人金融資産残高〟2000兆円〟突破目前は、その理想をある意味裏切るものとなっています。

本書では、財産が漂流している足元の状況についてお伝えします。そして、認知症対策の最後の砦となるはずだった成年後見制度の光と闇について実務の現場から解説します。さらに、誰にでも起こり得る財産消滅への対応策として、実際の事例から導き出された10の対策を提案していきます。

財産消滅の足音が聞こえてきそうな方には、ぜひ参考にして頂きたいと考えています。

超高齢社会であっても、認知症社会であっても、誰もが明るく元気に暮らせる社会になるよう願っています。

財産消滅　老後の過酷な現実と財産を守る10の対策／目次

第1章　「ピンピンコロリ」は昔の話〜認知症高齢者を待ち受ける10の過酷な現実　13

事例1：ある日突然、頼みの綱である妻が消えた
残された夫の資産が行方不明　14
事例2：身寄りがないため施設が入所拒否
お一人様の生活はどうなる　21
事例3：保有資産があるのに止まらない貧困化
不動産運用への対応　26
事例4：頼りの義理姉妹が倒れた
老々介護もいずれは破綻　32
事例5：家族でもお金を下ろさせず、葬式代も出せない
成年後見人をつけないと資産管理できない　37
事例6：認知症高齢者をだます悪徳ビジネス
本人の意思が曖昧なのをいいことに高額商品を購入させる　42

事例7：家族信託、間に合わず
生活費の捻出に困った子どもたち　48
事例8：親の愛が吹き飛ぶずさん管理
面倒を見ている兄弟がまさかの搾取　53
事例9：やりたい放題で妹が犠牲に
認知症になった本人の費用を妹がすべて立替　58
事例10：認知症で遺産分割協議ができない
凍結された財産の解除の仕方は　64
第2章　財産漂流〜高齢者の財産はどこへ行く　71
高齢者の「老後の備え」「まずは貯蓄へ」習慣が思わぬネックに　72
望まれる生前贈与、生前消費　77
人生年表を把握する　81
平均寿命に惑わされるな　84

認知症は家族、健康、財産の問題　88
本人確認と意思確認ができないと財産は動かせない　92
高齢者に優しくない金融機関　94
相続人不存在で国庫帰属525億円　98

第3章　成年後見人のリアル～普及率2%のからくり　101

介護保険と両輪のはずが　103
成年後見制度～国は推奨するのに、なぜ進まない　106
子どもが後見人になれないショッキングな統計　108
こんなにも大変、後見人選任申立書の作成　112
後見制度は駆け込み寺　116
裁判所への報告、専門家への報酬～なぜ手間が多いのか　120
一度利用したら止められない後見制度　122
後見人ができること、できないこと　124

住んでいた不動産の売却は裁判所の許可が必要　126
不正の多発で制度の基盤が揺らぐ　129
家族の代筆で一時しのぎをするケースも　132
「本人の希望」をどこまで後見人が担保できるのか　134
後見人を監督する後見監督人の存在　136
後見制度支援信託、それって何　139
死後事務には対応できない後見人　143
専門家も負担が大きい時間、会費、親族間のトラブル　145

第4章　準備をしないのが最大のリスク～財産漂流させないための10の対策　149

対策1　資産運用も体が資本　健康寿命を延ばそう　150
対策2　5年後　自分はどうなっていたいかを逆算する　153
対策3　自分の財産と推定相続人を正確に把握しておく　156

対策4　成年後見制度の失敗事例ではなく成功事例を知る　159
対策5　子どもに頼れるか夫婦で話し合う　163
対策6　あらかじめ後見人を自分で指定しておく　166
対策7　地域包括支援センターを活用する　171
対策8　ケアマネージャーとの連携でいつでも相談できる体制に　174
対策9　元気な内に遺言を作成し自分の希望を記す　177
対策10　最近よく耳にする家族信託の利用を検討する　181

黄金の解決事例編　184
成功事例その1　夫からの遺言　それは妻を守る最後のラブレター　186
成功事例その2　人生設計もオーダーメイド　191
成功事例その3　親子の絆で現代版〝隠居〟　198

第1章

「ピンピンコロリ」は昔の話
～認知症高齢者を待ち受ける10の過酷な現実

事例1 ある日突然、頼みの綱である妻が消えた…残された夫の資産が行方不明

「どうもおかしい！」

春山病院（仮名）で会計を担当する山崎さん（仮名、以下すべて名前は仮名）は、首をかしげました。

この病院の入院費は、前月分を毎月10日から15日までの間に窓口持参か振込みで支払うようになっています。

1年前から入院している吉村さん（71歳、男性）の奥さんは、本人のお見舞いかたがた、これまで毎月欠かさず窓口に来て支払いを行ってきました。

奥さんは支払いの際、「いつも主人がお世話になっております」と深々と頭を下げます。これまで支払いが遅れたことはなく、しっかりした奥さんだという印象を山崎さんは持っていました。

ところが、今月は期限を過ぎ数日経っても奥さんが支払いにやってくることはありません。

不安を感じた山崎さんは入院時の吉村さんに関する資料を広げました。自宅の電話番号を確認し、すぐに連絡を入れました。ところが、呼出音は鳴り続けるも、一向に出る気配はありません。

翌日も連絡を取ろうとしましたが、結果は同じ。午前と午後に分けて連絡してみましたが、誰も受話器を取ることはありません。山崎さんは嫌な予感がしてきました。〝奥さんが入院してしまったのか〟〝いや、支払いが難しくなったのか〟など良からぬことを色々と考えてしまいます。

電話は諦めて、今度は手紙を出してみることにしました。手紙には、〝もしお支払いが難しいご事情がありましたら、ご相談ください〟と念のため一言添えました。

手紙を発送した後、奥さんが病院に現れたり、連絡が入ることを期待しました。しかしそれは淡い期待でした。奥さんと連絡が取れない状況は続きます。

本来であれば、夫である吉村さんに確認したり連絡を取ってもらいたいところです。しかし、残念ながらそれが無理なのです。本人とは話ができないのです。吉村さんは脳梗塞と持病が原因で合併症を発症しており、寝たきり状態になっています。いつも上を向いている体勢で、これ以上体が硬直しないようリハビリ担当者が定期的にマッサージを行っています。

奥さんと連絡が取れない状態はその後も続き、請求額は増える一方です。3カ月で滞納額は20万円を超えてしまいました。このままではどうにもならないと、山崎さんは再度入院時の資料に目を通しました。すると、入院時に聞き取りをして書いた簡単な親族図がありました。吉村さん夫婦には子どもがいないようですが、奥さんの姉の息子、山口さん（48歳、男性）の名前と電話番号がそこには記入されていました。

入院時に奥さんが同じ市内にいる自分の甥を連絡先として病院側に伝えていたのです。ただ、山崎さんは、なぜ吉村さん本人の親戚関係が載っていないのか、気になりました。

奥さんとのコンタクトは諦め、山崎さんは資料に載っていた山口さんに連絡を入れました。すぐには出なかったのですが、夕方折り返しの連絡が病院にありました。

関係者と連絡が取れ、〝これでようやく解決できる〟〝奥さんの状況も分かる〟と山崎さんは安堵しました。山口さんにこれまでの経緯を説明しました。ところが、電話越しの山口さんは困惑するばかりです。

「自分の母親の介護が必要となってからは、吉村さんとはもう5年以上も会っていません」

と、急に連絡が入り困っている様子でした。とはいえ、山口さんしか伝手《つて》がありません。山崎さんは、もう一度現状を説明し、協力してもらえるようお願いしました。

山口さんは、しばらく黙っていましたが、

「分かりました。妻とも相談し、吉村さんの様子を見てきます」

と最終的には言ってくれました。

山口さんの方でも、電話をしてみましたが、結果は病院からの電話と同じでした。そこで、山口さんは仕事が休みの日に妻と吉村さんの自宅まで行くことを決めました。

季節は冬。防寒対策をして吉村さん夫婦の自宅に行ってみました。吉村さんの家は市営住宅の2階の部屋です。

夫婦共働きで、おカネには困っていないはずでしたが、いつも質素な生活をしていたことを思い出しました。吉村さん本人は寡黙な人で、奥さんとばかり話していました。親戚関係も奥さん側が中心で、吉村さんの親戚関係はまったく分かりません。

外から部屋を見ると、昼間にもかかわらずカーテンが閉められています。気になったのは、郵便受け。郵便物であふれて入り切らなくなっています。玄関の前に立ちチャイムを何度か押してみました。しかし、反応はありません。

近所の人がたまたまいたので、何か知らないか尋ねてみました。すると、

「最近、外出しているのを見ていないよ」

と近所の方も奥さんとしばらく会っていない様子です。

〝コドクシ〟その言葉が山口さんの脳裏をかすめます。自分たちだけでは対応できないと思い、１１０番通報しました。

警察が来て自宅に入るとすぐに、横たわっている奥さんが発見されました。司法解剖の結果、奥さんは死後数カ月経過しており、急死だったと後日説明がありました。


山口さんは、親戚が部屋で亡くなっていたという事実を目の当たりにしてショックを受けています。部屋には、旅行先で撮ったと思われる２人の笑った写真が飾ってあり、それがかえって現実を重苦しくしています。

山崎さんの方も、同じです。まさかこういう事態になっているとは、思いもよりませんでした。

山口さんから相談を受けた際も、

「こういうことは、親族の方で対応してもらうことになっていますから……」

と伝えることしかできませんでした。

吉村さんのお世話をする奥さんは、もうこの世にはいません。果たして一体誰が病院代の支払いをしたらよいのでしょうか？

事情がどうであれ、誰かが支払いを行わなければならないことに変わりありません。支払いが滞れば滞るほど、病院代の滞納額は増える一方です。山口さんは親戚というだけであって、連帯保証人になっているわけでもありません。繰り返しになりますが、寝たきりとなってしまった吉村さん本人に今後のことを確認することは不可能です。

奥さんがいない状態では、吉村さんの財産をどうやって把握したらよいのか判然としません。

夫婦共働きで倹約してきた吉村さん夫婦。普通に考えれば、財産がまったくないということは考えられません。どこかの銀行に、必ず口座を持っているはずです。年金も偶数月の15日に振込まれているでしょう。

ところが、何も分からない誰も手をつけられない、宙に浮いた状態となってしまったのです。

事例2 身寄りがないため施設が入所拒否…お一人様の生活はどうなる

ケアマネージャーの住野さん（52歳、男性）は、ため息をついてしまいました。

「また断られてしまった……」

住野さんが担当する加山さん（82歳、女性）は、退院後は施設に入る予定です。加山さんに合いそうな施設を住野さんが探しては、問い合わせをしているのですが、どこからもよい返事がもらえません。

「保証人がいないなら、うちではちょっと……」

「月々の支払いは大丈夫なんでしょうね？」

問い合わせ先の担当者からの言葉はどれも住野さんの心に刺さります。

確認した施設側は、加山さんの支払い能力が懸念材料の1つとなっているようです。しかし、住野さんの見立てでは、そこは心配ないと考えています。加山さんの通帳を現在は住野さんが預かっており、まとまった金額が入っていることを誰よりも知っているからです。全財産を把握しているわけではないので、安易なことは言えません。それでも、見つけた施設の料金体系には見合っています。そういう状況だけに、住野さんは思うようにいかずもどかしさを感じています。

とはいえ、「では、誰が払ってくれるのですか？」「身元引受人は、どなたがなられるのでしょうか？」と言われてしまえば、答えに窮してしまうのも事実です。

住野さんが担当する加山さんは、入院前まではマンションで一人暮らしをしてきました。

ところが、3カ月前に玄関の前で倒れているところを、同じマンションの住民が発見し、緊急搬送されたのです。一命は取り留めたものの、下半身に麻痺が残り言葉も上手く出てこなくなってしまいました。

それだけではありません。認知症もかなり進んでいます。簡単なことであれば、右手を挙げて答えてくれることがあります。しかし、自身の今後の生活のこととなると、その意向を確認することは困難な状況です。

医師からは、「今後、自宅で生活することは無理だと考えています。もし自宅に戻っても、また病院に運ばれることになるだけです。脳にダメージが見られ、認知症の症状も改善は難しいと思われます」との説明がなされました。住野さんも、同じように考えています。自宅に戻ったところで、１人で生活することは困難です。

そんな事情を知ってか知らずか、病院からは退院後の行き先を決めるよう促されます。

自宅は加山さんが所有しており、戻ろうと思えば戻ることは可能です。しかし、生活できる環境ではありません。今やゴミ屋敷となっているのです。足の踏み場もないほどに、荷物やゴミが散乱しています。冷蔵庫の中は賞味期限切れの物ばかりが入っています。お風呂場には、あろうことか段ボール箱が押し込まれています。これまでお風呂に入っていたのか疑問が残るばかりです。部屋全体の臭いも酷いもので、これでは近隣から苦情が出ても仕方ありません。

住野さんは、部屋の中を見て、一刻も早く加山さんを施設に入れたいとますます強く感じるようになりました。とはいえ、加山さんは独り身で協力してくれるような人がいないのが現実です。施設入所への壁が立ちはだかります。

そこで、苦肉の策として、住野さんが働く施設でショートステイを利用することにしました。この施設は入所型の施設ではないので、あくまで一時的な利用となります。何とかこの間に、入所先を見つけたいという思いに駆られています。

ところが、「ここは」という施設に問い合わせを入れても、結果は先に述べたとおりとなってしまうのです。

加山さんの通帳は、住野さんが一部預かって管理しています。しかしながら、住野さんの本来の仕事は、ケアマネージャーです。金銭管理は、自分がやるべきことではないし、その権限もないと感じています。いつまでも自分が預かっているわけにはいかないという焦りもあります。

住野さんが必要な荷物を取りに加山さんのマンションに行った際に、近所の方から、加山さんが戻って来ないことを心配され、

「加山さんは、まだ病院ですか？　部屋はどうするのですか？」

と尋ねられました。

「戻る見込みがなければ、処分することになると思います。ただ、私の一存では……。それに、売るにしてもこの状態では難しいでしょう」

と、話すとその方から、

「加山さんは、下の階にも部屋を持っていますよ」

と伝えられました。加山さんは、同じマンションに2部屋を所有していたのです。

2つもある部屋を今後どうしたらよいのか、住野さんには見当すらつきません。本人が今後どうするか自分自身で決められるような状況ではないため、不

動産に誰も手をつけられなくなっているのです。

果たして、受け入れてくれる施設を見つけることができるのか、通帳や不動産の管理はどうしたらよいのか……。住野さんは頭を抱えてしまいました。

事例3 保有資産があるのに止まらない貧困化…不動産運用への対応

確定申告の打ち合わせのため、中園さん（67歳、男性）を訪ねた会計事務所の前川さん（34歳、男性）はその姿に唖然としてしまいました。

何度もインターホンを鳴らし、ようやく現れた中園さん。久し振りに会えたかと思うと、お酒の匂いをプンプンさせています。昼間からお酒を飲んでいるのは、明らかです。それどころか、パジャマ姿のままで髭も伸びっ放しの有り様です。

1年前に会ったときとは、まるで別人のようです。以前の中園さんでは、とても考えられない様子なのです。

前川さんの知る中園さんは、身なりもきちんとし、髪はいつも整髪料で整えていました。どうしてここまで変わってしまったのか、さっぱり分かりません。今までのイメージとは違う中園さんが、そこにはいたのです。

前川さんは仕事で来ているので、いつまでも驚いてばかりはいられません。前川さんは平常心を取り戻し、申告の準備を進めようと気持ちを改めました。部屋の中に入れてもらうことはできたので、申告の打ち合わせに入ろうとしました。

ここでも、これまでと違う中園さんを目にすることになります。以前であれば、申告用の資料を事前にまとめてくれていました。ところが、中園さんは、

「で、今日は何?」

とまったく要領を得ません。

「申告のためのアパートに関する資料を受け取りにきました」

と伝えるも、

「そうやったかね」

と上手く話がかみ合いません。前川さんは、暗澹たる気持ちになりました。部屋を見渡すと、ビールの空き缶が机の上に並べられています。ワインのボトルがコレクションの如く、部屋の隅に並んでいます。恐らく今回はお酒で意識が朦朧としているから肝心なことを忘れているだけだ、と前川さんは今日は諦め出直すことにしました。

後日……。次は大丈夫だろうかと心配していた前川さんの事務所に一本の連絡が入りました。電話に出た職員が、「前川さん、中園さんからです！」と言うので、てっきり本人からと思い受話器を手にしました。すると、声の感じが違います。

「いつも父がお世話になっています。中園の息子です」と、声はよく似ていますが、本人ではありません。息子からでした。そして、驚きの事実を伝えられます。

「父が急きょ入院しました」

この前会ったばかりだったので、前川さんはびっくりして
「入院？　怪我でもされたのですか？」

と思わず聞き返しました。すると、

「いいえ、精神科のある山手病院（仮名）です」という答えが返ってきたのです。

なんでも、息子が実家に戻った際も、中園さんの様子がおかしかったそうです。〝気持ち悪い〟と体調不良を訴えます。そのためか、食事をまともにとっていなかったとのことです。確かに、前川さんが訪ねたときも、酒の瓶や缶ばかりで、とても食事をしているようには感じられませんでした。息子の話では、アルコール依存症になっており、脳に萎縮がみられるとのことです。

前川さんは、

「確定申告の時期が近づいているんです。それで、先日お会いしたのですが、まだ準備されていませんでした」

と伺った際のことを息子に伝えました。中園さんは、収益物件であるアパー

トを経営しており、その管理会社の代表取締役となっているのです。
息子が言うには、中園さんにアパートの状況について尋ねても、「よく分からない」と答えるとのことです。しかも、話はそれだけでは終わりません。アパートに関する税金の納付書や修繕費の請求書などが大量に届いているとのことです。本人はそれらをほったらかしにしており、いずれも期限切れとなっています。他にも、カード会社や通信販売と思われる請求書があるというのです。その額、ざっと見積もっても400万円は優に超えています。このままアパートを維持できるのか心配になるほどです。息子が言うには、アパート経営が重荷になりそれが本人へのプレッシャーとなっていたようです。また、息子の母ともだいぶ前に離婚しており、日中することもないことから酒に走ったのだろうとのことでした。

息子は、父親がアパート経営を続けていくことは難しいだろうと考えています。アパートの大規模修繕あるいは建て替えの話になったときに、とても対応できる状態ではありません。それよりむしろ、支払いに追われる状態から抜け出すことが先決です。

今の内に売却して、売った資金を元手に栄養管理が行き届いた施設に移った方が本人のためではないか、という思いを強くしています。

不動産会社に確認したところ、現段階であれば買い手は見つかるだろうとのことでした。残っている借り入れを返済しても、手元に現金が残るとシミュレーションしてくれました。そこから、これまでの滞納分に充てることができます。

とはいえ、一時的にまとまった現金が入ったとしても、本人が先を見据えながら生活できるかどうかとても不安です。息子が不動産売却の話をすると、「車を買いたい」と言い出す始末です。支払いのことなど、頭にありません。売却できたとしても気持ちが大きくなり、将来のことを見通せず飲み代などに使ってしまう可能性があります。

不動産会社の担当者からは、「本人の意思をはっきり確認できないためすぐに売却することはできない」と言われてしまいました。実際、担当医からも脳の萎縮が進んでいて、重要な財産に関することについて理解するのは難しいと診断されています。

本人に面会すると、「金を貸してくれ」と酒代をせがんできます。通帳には、ほとんど資金が残っていないため、正直本人に渡すようなおカネはありません。保有資産があるのに支払いばかり増えていく現状に、息子は戸惑いや動揺を隠せません。

事例4 頼りの義理姉妹が倒れた…老々介護もいずれは破綻

仲良しな2人はいつも一緒でした。手島さん（78歳、女性）と板垣さん（74歳、女性）は、一緒に買い物に出かけお茶をして帰るのが日課となっていました。困ったことがあれば、お互いに助け合う仲でした。

2人の間柄ですが、板垣さんは手島さんの弟の妻で、義理の妹となります。年齢が近いこともあり、非常に良好な関係をこれまで築いてきました。手島さんは独身で、母親が亡くなってからは一人暮らしをしています。

板垣さんは、10年前に夫と死別しました。突然のことだったので、板垣さんは非常にショックを受け落ち込んでいました。その時、心の支えとなったのが手島さんでした。四十九日が終わった後も、度々板垣さんの家を訪れ親身になって相談に乗ってくれました。

このような経緯もあり夫亡き後も信頼関係を築いていたのですが、最近はこれまでとは様子が違ってきています。

というのも、手島さんが自身に関することを何でも板垣さんに任せるようになってしまったのです。先月も、手島さんの庭の草取りを板垣さんが行うことになりました。

「お義姉さん、梅雨入り前に草刈りをした方がいいんじゃない？」

と伝えると、手島さんは、

「この前したばかりよ」

と意味不明なことを口にします。

板垣さん1人ではどうにもならないので、業者を手配し草刈りや剪定を行ってもらいました。その後1カ月経って、作業が終わったはずの業者から連絡が板垣さんに入りました。

「あのー、まだお支払いがないようなのですが……。請求書は、手島様の自宅の方にお送りしています」

と言われ、板垣さんは嫌な予感がしてきました。手島さんのところに行き、請求書のことを確認すると、「分からない」と手島さんは繰り返します。

結局、請求書を再度発行してもらい、板垣さんが代わりに支払いを行いました。それ以降も、公共料金の支払いや病院への付き添いにも板垣さんが対応せざるを得ない状況が続いたのです。

最初の頃は、お互い様という気持ちで動いていました。ところが、だんだんと板垣さんは負担を感じるようになってきました。というのも、最近は持病の腰痛が悪化し、自分自身の治療に専念しなければならないからです。貧血もひどくなり、以前のようには動けないので、手島さんのお世話をすることに限界を感じます。

自分のことは自分でやってもらいたいと強く感じた板垣さんは、手島さんにそのことを伝えようと決心しました。

「水道代の支払いは代わりに済ませたよ。でもお義姉さん、次からはもう自分でやってほしいんです。私も腰の持病があるから……」

と話すと、手島さんからは思いもよらぬ返事が返ってきました。

「何のことだったかね」

手島さんは、板垣さんに支払いを頼んだことなど忘れてしまっているのです。人の話を本当に理解しているのかと思い板垣さんが、買い物のレシートを手島さんに見せながら、

「この分、スーパーで買って昨日冷蔵庫に入れたのよ。費用は私が立て替えているから返してくれる？」

と伝えても、

「そうやったかね」

とまったく意に介しません。板垣さんは、前から様子がおかしいとは感じていました。そしてこの時、手島さんの認知症が進んでいることを確信しました。最初の頃は、年相応の物忘れかと思っていました。しかし今は確実に、自分の生活に対する関心を失っています。板垣さんのサポートなしでは生活することが難しいのは確実です。

日常会話においても、昔のことを繰り返し言うばかりです。特に、仕事をしていた頃のことを繰り返すようになっています。

「株式会社○○化成の経理をしていた」

「上司と結婚するか迷ったが、母が心配でやめた」

その一方で、短期記憶は弱くなっているようです。

板垣さんは自分が手伝えることはしてあげないとと思いつつも、これまでの負担が重荷になり寝込むようになってしまいました。これ以上、手島さんの自宅や金銭の管理を1人で担うのはあまりに負担が大き過ぎます。親戚とはいえ、人の通帳を預かっていることに対する抵抗も感じています。

これまで、板垣さんは、手島さんのために使った費用を出納帳に記録しレシートをノートに糊付けしてきました。これができたのも、少しの間という思いがあったからです。

〝早く誰かに代わってもらいたい〟という悲痛な心の叫びが板垣さんから聞こえてきます。

事例5　家族でもお金を下ろせず、葬式代も出せない…成年後見人をつけないと資産管理できない

〝しまった！〟と木戸さん（56歳、男性）は、心の中で叫びました。

木戸さんの父親は体調が悪くなり、現在病院に入院して治療を受けています。本人は回復でき次第〝家に戻りたい〟と言っています。

とはいえ、実家は昔ながらの日本家屋で段差も多く、体が弱った父親が暮らすには不便な造りとなっています。今後も自宅で生活するとしたら、手すりを設置するなどバリアフリーにやり替えなければなりません。他にも、ベッドなどの購入が必要となります。

本人の希望をできる限り叶えたいと考えた木戸さんは、知り合いのリフォーム会社に見積もりを依頼しました。後日、見積書を受け取ると総額１８０万円と記載されています。

実は木戸さんは、このタイミングで、古くなり傷んでいる別の個所もやり替えたいと考えていました。フローリングの床が沈み始めており、畳もかなり劣化しています。一番心配なのが、窓のサッシが木造なことです。老朽化で何本か外れてしまっていて、まったく防犯の機能を果たしていません。最近は近所に空き巣が入ったとの話もあり、このままにしておくのは物騒です。

このような事情もあり、〝ここは思い切って全面的にリフォームしたい〟という気持ちが強くなったのです。リフォーム会社に相談すると、希望通りにすると、追加で200万円はかかるとのことでした。

父親が退院できる見込みが出てきたことから、木戸さんは全面リフォームを決心しました。そして、リフォーム会社に正式に依頼しました。リフォームは約1カ月かかり、無事に完了しました。

家の中が見違えるほど変わり、父親がまた自宅で生活できるようバリアフリー化もされています。以前から気になっていた部分についても、一新することができました。木戸さんは、家の中を見渡しながら思い切ってやってよかったとすっかり安堵しました。後は父親の退院を待つだけ、のはずでした……。

リフォーム会社から請求書が届いたので、父親の通帳と印鑑を持って銀行に支払いに行くことにしました。これまでも入院費をATMで振込んでいたのですが、今回は金額が大きいため窓口での支払いとなります。

番号札を取り、呼ばれるのを待ちました。そして、木戸さんの番号が呼ばれ窓口に通帳を提出しました。すると、窓口の担当者から、

「お振込みですね。免許証などの本人確認資料のご提示をお願いしてもよろしいでしょうか？」

と本人確認資料の提示を求められました。そこで、財布から自分の免許証を取り出し、担当者に渡しました。

「木戸様ですね……。あれ、お名前が違いますが？」

「通帳は父のもので、私は息子です」

「窓口でお手続きをされる場合は、口座名義人ご本人にご来店して頂く必要があります」

と言われてしまいました。

「父は、身体が不自由で銀行まで来ることができません。それに、脳梗塞の後遺症で認知症もあり、字を書いたりはっきりとした金額を伝えたりするのは難しいです。それで、息子の私が来ているのですよ」

と伝え、リフォームの請求書を見せようと思った矢先、

「口座名義人の方が認知症と判明した場合、お客様のご預金をお守りするため、

お取引を停止させて頂くことがあります。ご本人様が詐欺などのトラブルに巻き込まれてしまうのを防止するためです。ところで、成年後見人は利用しておられませんか？」

〝詐欺？　成年後見人？〟木戸さんは突然の聞き慣れない言葉に、何がなんだかさっぱり分かりません。まして、自分の親に後見人をつけることなど理解できません。

「利用していないですけど……」

と答えると、担当者から

「上席の者に確認致しますので、後ろでしばらくお待ち頂けますか？」

と、一度後ろの座席に戻るよう促されてしまったのです。

木戸さんは、〝しまった！〟と思わず声が出そうになりました。

確かに、相続のときに葬式代が引き出せないことがあるとは聞いたことがありました。しかしながら、親が健在な場合にまで凍結の可能性があったとは寝耳に水です。父親の代わりに支払いをしようとしただけで、まさかこんなことになるとは思ってもみなかったのです。

もし凍結でもされたら、家族が父親の生活費や介護費を本人の口座から支出することができなくなってしまうではありませんか。ごく稀に、家族が立て替えることはあります。しかし、あくまで少額の場合だけです。

今回のように大きなおカネまで立て替えるわけにはいきません。立て替えてしまうと今度は自分たちの生活が成り立たなくなります。木戸さんの子どもは大学生のため、今は教育費におカネがかかっているのです。

この先どんな末路となるのか、リフォームの請求書を見ながら〝しまった！〟と何度も心の中で叫びました。

事例6 認知症高齢者をだます悪徳ビジネス…本人の意思が曖昧なのをいいことに高額商品を購入させる

橘さん（47歳、女性）は、最近叔母の出水さん（82歳、女性）の家に行く度に憂鬱な気分となります。

大量の高級布団、飲むはずもないサプリメント、それに、指輪やイヤリングといった宝石類……。どれも使うことのない物ばかり。どうしてこうも要らない物を買い続けるのか、本人に確認しても明確な答えは返ってきません。

出水さんは、2年前に夫を亡くして以降、今は一人暮らしをしています。出水さんには、一人息子がいたのですが、働き盛りの40代で若くしてこの世を去ってしまいました。長男には子どもが2人いて、長男亡き後も孫はよく遊びに来てくれました。今ではそれぞれ社会人となり結婚し家庭を持ったので、なかなか出水さんのところには来れないのが現状です。

そんなこともあり、出水さんの姉の子どもである橘さんが、定期的に顔を出して様子を見るようにしています。

元々出水さんは活動的で、夫が健在の頃はよく2人で旅行に行っていました。また、美味しいお店を見つけては出かけていくこともあり、橘さんもよく誘ってもらいました。買い物も好きで、通販番組を見てこれはと思えばすぐに購入してしまうタイプでした。

夫は資産運用にも積極的で、銀行主催のセミナーによく参加していました。そのため、銀行の担当者に熱心に勧められ投資信託用に多くの口座を持っていました。

財産の管理は、亡くなった夫がほとんど1人で担っていました。人に相談する性格ではなかったため、妻の出水さんが口をはさむことはありませんでした。そういった事情もあり、2年前の相続の際には、出水さんが知らない口座がいくつも出てきて手続きに苦労した経緯があります。夫がこれまで通販で買い集めた物の処分にも困り、持て余してしまいました。

相続の時の苦い経験もあって、夫を亡くした当初、出水さんは投資用口座を持つことや新たに物を買うことには消極的でした。実際、相続手続きをサポートしてくれた橘さんに対しても
「もう物は要らない、信託銀行から届く書類もややこしい」

と言って、夫のやり方には否定的となっていました。

橘さんもそれに賛同し、

「その通りよ。物があっても遺された人が困るだけよ。たくさん口座があっても把握しきれないしね」

と出水さんと話していました。その時は、出水さん自身の物や口座についても、少しずつ整理していこうと確認したと思っていました。


ところが、それから2年も経たない内にこの有り様。今や、布団は押入れに入り切らない状態です。宝石箱に入っている指輪など、つけているのを見たこともありません。

一番気になっているのが、それらをいつどこで購入したのか出水さんがほとんど覚えていないことです。

「おばちゃん、これはどうしたの？」

と尋ねても、

「宅配の人が持ってきてくれたんよ。あなたが運んでくれたでしょう」

とピント外れの答えしか返ってきません。いつどこで誰から買ったのか何度尋ねても、〝分からない〟〝忘れた〟と繰り返すばかりです。

ちょうどその頃、出水さんの孫の1人が久し振りに会いに来るとの連絡がありました。これは、出水さんの現状を見てもらういい機会だと思い、橘さんもそのタイミングで同席することにしました。


後日……。孫がやってきて、家の中の様子に大変驚いています。束になった郵送物を整理してみると、信託銀行と取引をしていることが判明しました。ETF、REIT、FXなどと書いてあり、孫や橘さんが見てもよく分かりません。まして、82歳の出水さんが理解できているとはとても思えません。自分から積極的に投資することは有り得ないはずです。

ショッキングな出来事はそれだけにとどまりません。帰り際に近所の人から、出水さんが最近パジャマとスリッパで出かける姿を見たと知らされました。以前では考えられない光景です。記憶力の低下だけにとどまらず、徘徊の傾向も見え始めているようです。

橘さんと孫は、商品の販売先や信託銀行に確認した方がよいと考えました。孫が、

「この件は、僕が対応します」

と威勢よく言うので、橘さんは一旦孫に一任することにしました。

しばらく経って、橘さんはその後どうなったのか気になり始めました。孫に電話をかけてみると、

「いや〜、仕事が忙しくて……」

この前会った時の勢いはなく、何とも頼りない感じです。橘さんとしては、本当に出水さんの意思に基づいて買っているのかを業者や銀行に確認してほしかったのです。先方が曖昧な態度を取るなら、返品や解約をしてほしいと考えていました。ところが、孫は連絡すら入れていないようです。

橘さんは、業者が出水さんを言いくるめて高額商品を売りつけていると感じています。また、投資信託についても、亡夫の担当者が出水さんが内容をよく理解できていない状態で契約を結ばせているのではないかと不信を抱いています。

自分はどう動いたらいいのか分からず、何もできないもどかしさが募るばかりです。

事例7 家族信託、間に合わず…生活費の捻出に困った子どもたち

宇都宮さん（52歳、男性）は急いである不動産会社に問い合わせを入れました。

「少し前から母が入院し認知症もだいぶ進んでいます。前回、御社のセミナーで民事信託がいいとお聞きしました。ぜひ、進めたいのですが……」

宇都宮さんは、先週末、問い合わせを入れた不動産会社主催のセミナーに参

加していました。そこでは、【不動産の生前対策】と題して、家族で取り組むことができる対策についての講義が行われました。その時、民事信託いわゆる家族信託を使えば、子どもが親の不動産を売却できると知ったのです。

宇都宮さんは、不動産を所有する母親の認知症が進んでいるため、不動産のことが気になっていました。そこで、このままではいけないと、思い切って問い合わせを入れたのでした。

不動産会社の担当者は、

「民事信託をご検討されているのですね。それでしたら、弊社提携の司法書士と一緒にお話をお伺い致します。ご予定はいつがよろしいですか？」

と専門家を紹介してくれることとなりました。

宇都宮さんはすぐに予約を入れました。そして、後日担当者と一緒に司法書士の事務所に行くことになりました。

〝これで大丈夫だろう。他の兄弟たちにいい報告ができる〟と胸をなで下ろしました。

実は、その2カ月前、宇都宮さんは兄弟たちと家族会議を行っていました。8年前に亡くなった父親は大工でした。小さな工務店を経営し、腕一本で家族を養いました。母親は子育てをしながら時間を見つけては工務店に出て、父親の手伝いをしていました。

ただ、当時は自営業だと年金の加入が任意だったこともあり、両親は年金を掛けていませんでした。そんな事情もあって、現在の母親に年金収入はありません。財産としては、父親が遺してくれた自宅と貸家があります。父親が亡くなった際に、不動産の名義は母親に変えています。

家族会議では、母親が退院したら、自宅に戻るのではなく施設に入所させることで話がまとまりました。母親が自宅で暮らすことは難しく、介護や見守りが必要となっています。

しかし、施設に入れるとなると月々の家賃収入だけでは支払いが難しい状況です。自宅を売却し、そのための資金を捻出しようという意見で一致したのです。

とはいえ、自分たちの思い通りにすぐに売却できるわけではありません。そこで、入院中の母に代わって、必要なときに自分たちで自宅を売却できるように民事信託を利用しようという結論に至ったのでした。

家族会議を含めこれまでの経緯を司法書士に伝えました。すると、司法書士からある質問が投げかけられました。

「ところで、お母様は信託について同意されていますか？」

宇都宮さんは、心の中で〝えっ！　どういうこと？〟と思いました。最初は、質問の意図がまったく理解できませんでした。〝兄弟全員が納得していて、兄弟間で争いがないので問題ないのでは？〟と考えていました。

ところが、話はそう簡単ではないようです。

「家族信託は、財産を預ける委託者であるお母様とそれを預かる受託者である宇都宮さんとの契約になります。つまり、お母様が契約の内容を理解しないとそもそも契約が成立しないのです」

宇都宮さんは初めてそのことを聞いて、頭が真っ白になりました。〝認知症になった人のための制度だと思っていたが、母親が認知症だと信託は使えないのか……〟

そんなこととはつゆ知らず病院とはすでに、施設に入所する方向で話を進めています。また、今すぐ契約するのであれば退院後に入れる施設を見つけたところでした。入所手続きと並行して、不動産の売却を進めればよいだろうと考えていました。建物は老朽化していますが、立地がいいので売却は可能なはずです。

ところが、肝心の不動産を売却するすべが断たれてしまったのです。そのことを、兄弟に伝えると兄弟も唖然としています。それどころか、宇都宮さんは他の兄弟から、

「何とかしてよ！」

と言われてしまう始末。母親のことは任せっ切りで、自分たちはいつも口を

出すだけ……。〝それはこっちのセリフだ！〟と言い返したくなりました。

事例8　親の愛が吹き飛ぶずさん管理…面倒を見ている兄弟がまさかの搾取

三栗谷さん（63歳、男性）の貯金が底をつきかけています。

三栗谷さんには軽度の知的障がいがあり、60歳を過ぎた頃から認知症の症状も出始めています。これまで、家業のコンビニ経営を手伝ってきました。経営全般は兄が担っていますが、三栗谷さんも商品の陳列や掃除など可能な限り仕事を手伝っていました。

三栗谷さんの両親が亡くなってからは、兄が三栗谷さんのサポートをしていました。兄弟協力して、お店を引き継いでいたと思われていました。

異変が起きたのは、兄が再婚してからです。それまで、真面目にコンビニ経営に専念していた兄が、人が変わったように怠慢になってしまったのです。

お店の売り上げを勝手に使用するようになり、仕入れ先とのトラブルも目立つようになってきました。

三栗谷さんには、みっちゃんと呼んでいる従妹の岩崎さん（56歳、女性）がいます。幼い頃から、優しい性格の三栗谷さんを慕っており、今でも〝お兄ちゃん〟と呼んでいます。

岩崎さんはコンビニの近くに来たので、久し振りに三栗谷さんを訪ねてみることにしました。ちょうど三栗谷さんは、お店の外で掃除をしているところでした。岩崎さんが、

「お兄ちゃん、元気？」

と話しかけると、いつもと何だか様子が違います。

「ああ、みっちゃん。久し振りやね」

と言いつつも、下を向きあまり岩崎さんの方を見ようとしません。あまりに元気がないので、岩崎さんが顔を覗き込もうとすると、ボソッと言いました。

「僕、お金がないの……」

「どうしたの、急に。何か困ったことがあるの?」

と岩崎さんがびっくりして尋ねると、

「兄さんに、お前はお金がないからもっと働きなさいと怒られた……」

と表情を曇らせます。

そのとき岩崎さんは、三栗谷さんの父親が〝この子が不自由しないように、しっかりと蓄えを残している〟と生前に言っていたのを思い出しました。

三栗谷さんの父親は、自分たち両親が亡くなった後の三栗谷さんの将来をとても心配していました。そして、岩崎さんやその母親にも、三栗谷さんのことを頼むとつねづね言っていました。三栗谷さんのために、定期預金など積み立てをしていたはずです。

「大丈夫よ、お兄ちゃん。お父さんがいっぱいお金を遺してくれているよ」

と伝え、その日はその場を後にしました。

その後も岩崎さんは三栗谷さんのことが気になって仕方ありません。悲しそうな三栗谷さんの表情が忘れられません。心配になり、母親と一緒に様子を見に行くことにしました。

コンビニに行くと、今日は店に出ていないとのことでした。隣が自宅となっているため、玄関ドアをノックすると、三栗谷さんが出てきました。中に入ることができたので、岩崎さんは兄夫婦がいないか確認しました。

「今日は、お兄ちゃん1人？」

と尋ねると、

「うん、今日は僕1人。店はアルバイトの人が入っているから今日は大丈夫」

と返事をしました。これはいい機会と思い質問を重ねます。

「お兄ちゃん、お金はちゃんとある？　この前会った時に、お金がないとお兄ちゃんが心配していたので、何か困ったことがないかと思って来たのよ」

すると、三栗谷さんは前回と同じことを言うではありませんか。

「僕、お金ないの……」

心配した岩崎さんの母親が詰め寄ります。

「そんなことないでしょう。あなた、ちょっと通帳見せて！」

三栗谷さんは、自分の部屋から一冊の通帳を持ってきました。中身を見た岩崎さんと母親は唖然としました。残高がほとんどありません。これは何かの間違いだとページをめくり履歴を見ると、ここ1年で20万、30万と大きな金額が引き出されています。それも、何度も出金されているのです。２人の表情はこわばるばかりです。

「他にもあるでしょう。確認するから見せて！」

と慌てた母親が催促すると、三栗谷さんの他の通帳はすべて兄に預けているとのことでした。三栗谷さんがよく分かっていないことをいいことに、兄夫婦が使い込んでいたのです。

三栗谷さんの将来を心配した両親の想いが消し去られた状態に、２人は打ちひしがれてしまいました。

ここまで好き勝手に生きてきて、本人はそれで満足しているのだろうか……。それとも、周りに迷惑をかけたことを後悔しているのか。今となっては知るよしもありません。

事例9 やりたい放題で妹が犠牲に…認知症になった本人の費用を妹がすべて立替

富山さん（71歳、男性）は、定年後は勤め先や取引先からの再雇用の誘いを断わり、地方行脚の毎日を過ごしていました。各地に出かけては、お気に入りのスナックに入り浸っていました。

そんなふうに自由気ままに退職後の人生を過ごしていた富山さん。傍からは理想の老後生活のようにも見えます。しかし、その裏で妹が大きな負担を強いられていました。

富山さんは、ずいぶん前に妻と離婚し、今は一人暮らしをしています。元々放蕩するタイプだったこともあり、子どもは妻が引き取って以降は連絡を取っていません。

今、富山さんが当てにするのは近くに住む妹の哀川さん（68歳、女性）だけです。富山さんにはペットの犬がいて、遠出する際は哀川さんに預けていきます。とはいえ、哀川さんが住むマンションはペット禁止なのでいつも対応に困っています。

それだけではありません。新聞の支払いについて自分の家ではなく、哀川さんの家に集金に行くよう指示しています。哀川さんが立て替えることも多く、都合よく使われている気がしてなりません。

今回も、富山さんが哀川さんの自宅にやってきました。家をしばらく空けるからと、愛犬と家のカギを預けられました。しまいには、〝部屋が散らかっているから、時間があったら掃除しといて……〟と何とも勝手なことを言って去ってしまいました。

いくら兄妹と言えどもそこまでする筋合いはないと感じ、哀川さんは家の掃除のことは放っておくことにしました。

富山さんが出かけたその夜、哀川さんの家の電話が鳴りました。時間は夜の11時、こんな時刻にいったい何の電話だろうかと、哀川さんは不審に思いました。恐る恐る受話器を耳に当てると、まったく予期しないところからでした。

「こちら〇〇県にあるメディカル山北病院（仮名）です」

「富山さんが脳溢血で倒れ、当病院に緊急搬送されました。かなり難しい状況です。携帯に〝妹〟と登録があり発信履歴が何件かあったので、連絡させて頂きました。手術にはご家族の同意が必要です」

哀川さんは、あまりに突然のことで困惑するばかりです。突然の連絡で状況をよく呑み込めませんが、緊急ということでは手術に同意する他ありません。

今日一方的に犬やカギを預けて遊びに出かけたかと思いきや、深夜に旅先で倒れたなどあまりに勝手過ぎます。やりたい放題した結果がこれでは、心配の気持ちよりもいい加減にしてほしいという思いでいっぱいになってしまいました。

その後、富山さんは一命を取り留めたとの連絡が入りました。

しかし、ここからが波乱の幕開けです。本人は自分の意思で動けなくなったため、治療に加え介助が必要となっています。

富山さんは遠方で倒れたため、術後は地元の病院へ移ることになります。そして、今後は転院先の病院で治療を受けることになります。病院からは、治療中の移動のため民間の救急車を使用すること、手術代を含めた入院費の請求書を哀川さんに送るとの連絡がありました。今後発生する転院後の費用についても、哀川さんが対応せざるを得ません。

富山さんが地元の病院に運ばれ、病室に入ったため、哀川さんは富山さん本人と面会しました。各地に出かけていたときの面影はなく、治療用の管でつながれています。身体は不自由な状態となってしまい、発語はほとんどありません。実際、哀川さんが話しかけても、目が少し動く程度です。変わり果てた兄の姿に、涙よりもため息が出てしまいます。

哀川さんが病室で荷物の整理をしていると、病院の担当者がやってきて

「今後のことで確認したいことがあります。少しよろしいでしょうか」

と個室に案内されました。

「本人さんに、ご家族はいらっしゃいますか？」

と聞かれたため、

「近くにいるのは妹の私くらいです」

と哀川さんは、答えました。担当者は、今後の入院にあたっての説明を始め、入院に関する書類を渡しました。そして、後日サインして持ってきてほしいと頼まれました。入院費の支払いについては、請求書を哀川さん宛てに送るので振込んでほしいとも依頼されました。

倒れた際に運ばれた病院の支払いは、すでに終えています。しかし、これからも支払いは続くので、哀川さんは早く兄の通帳を預からないといけないと考え始めました。いつまでも自分が手出しするわけにはいきません。

本人の状態と医師の説明から、兄が今後自宅に戻る見込みは少なく、最後まで病院にお世話になるだろうと感じています。いずれにせよ、兄のお金から支払えるようにしなければなりません。

幸い家のカギを預かっていたので、部屋に入り何とか通帳を見つけることができました。銀行の通帳ケースにキャッシュカードが入っていたので、そのまま預かることにしました。〝これで、支払いは何とかなる！〟と哀川さんは、少しホッとしました。

銀行に行きATMでこれまでの立替金を引き出そうとしました。しかし、よくよく考えたら暗証番号が分かりません。本人の誕生日などを入れてみましたが、どれも該当しません。〝どうしよう、どうしよう〟と焦って番号を入力したため、とうとうATMでは取り扱いができなくなってしまいました。

仕方なく窓口に行き、事情を説明しました。兄が旅先で倒れたこと、民間の救急車で運ばれたこと、自分が立て替えていること……。窓口の担当者はとても親身に話を聞いてくれました。しかし、申し訳なさそうに次のように言いました。

「ご事情はお察ししますが、規定によりご本人でないと下ろせないことになっています」

兄の通帳から引き出しができないとなると、これから先も自分が立て替えることになります。今は犬の餌代すら哀川さんが負担しています。新聞代の集金ももうすぐです。本人に関する支払いなので、本人の口座が使えないことに憤りを感じています。

どうにもならない状況とともに、最後の最後まで妹に迷惑をかける兄のことが許せない気持ちになってしまいました。

事例10 認知症で遺産分割協議ができない…凍結された財産の解除の仕方は

正木さん（53歳、男性）は、東京から急ぎ地方にある実家に戻りました。帰省の理由は、入院している母親の容態が急変したとの連絡を病院から受けたためです。近い将来こんな日が来るだろうと心の準備はしていたつもりでしたが、気持ちは焦ります。

交通機関を乗り継ぎ、何とか母親の元に駆けつけることができました。とはいえ、本人が危篤になっても病室に来たのは正木さん1人だけです。正木さんには弟がいるのですが、海外で仕事をしているためすぐに戻ってくることはできません。

正木さんが戻ってきた日の翌朝、母親は旅立ってしまいました。短い時間でしたが、正木さんは母親と2人だけの時間を過ごすことができました。最期の貴重な一時だったと、悲しみに浸りながら思いました。

母親の遺体は地下の霊安室に運ばれました。正木さんも葬儀会社の車が到着するまで、そこで待機していました。迎えが来たので、病院から死亡診断書を受け取り、そのまま葬儀会社の車で会場に向かいました。

葬儀会場に着いても、じっとしているわけにはいきません。各所に連絡したり、葬儀の段取りを決めるなど、やることがたくさんあります。

葬儀には親戚が何人か参列してくれました。参列してくれた親戚に挨拶をしながら、正木さんは1人で諸々のことに対応しました。合間を縫って海外にいる弟に随時連絡を入れますが、すぐに帰国することは難しいとのことでした。

正木さんには、気掛かりなことがあります。それは、葬儀に出られなかった父親のことです。現在、持病の糖尿病の他に複数の病気を併発し、入院しています。認知症も進行しており、前回面会に行った際は正木さんのことを自分の兄と勘違いしながら話しかけてきました。興奮してしまうこともあるため、薬で気持ちを安定させている状態です。

葬儀が終わり、正木さんは気になっていた父親に面会に行きました。父親に母親のことを伝えようとしましたが、

「あんた誰かね」「親戚の○○かね」

とまったく話が通じません。それどころか、うつ病の症状も深刻で、

「あんたは、お医者やったかね。俺は早く死にたいんよ」

などと漏らす始末です。

正木さんは、〝やはり難しいか〟と父親への報告を諦め、母親の財産の整理に取り掛かることにしました。父親に詳しいことを尋ねることができるといい

のですが、それどころではありません。自分で一から調べていかないといけない状況です。

以前、実家の今後のことが気になり、財産のことを聞いておこうと思った時期もありました。弟とも話し合っておいた方がよいとも薄々は感じていました。しかし、日々の生活に追われ、実家が遠方ということもあり、とうとう何も確認できないまま今日を迎えてしまったのです。

とりあえず、家の中を色々と探してみました。もっとも病院代の支払いのために通帳を一冊だけは預かっていました。正木さんは、もし他にあったとしてもわずかだろうと高を括っていました。ところが、タンスを探ってみると袋が出てきて、その中に通帳が何と五冊も入っていました。どの通帳もそれなりに残高が残っているようで、定期預金などの積み立てもあります。正木さんが思っていた以上に、遺産がありそうです。

よく見ると、預貯金だけではなく、投資信託に関する明細書が出てきました。銀行の系列商品のようで、銀行から勧められて口座を開設していたようです。

予想以上にたくさん通帳があるので、正木さんは税金のことや手続きのことが心配になってきました。実家にいる間に少しでも相続手続きをしておきたいと考えた正木さんは、最寄りの銀行に足を運びました。

窓口で通帳を提出し、母親が亡くなった旨を伝えました。すると、

「死亡のお届けですね。受付をさせて頂きます」

と言われ、しばらく待っていると窓口に呼ばれ

「死亡の届出は完了しました。通帳は一旦お返し致します」

と通帳を戻されました。正木さんは、〝なんだ、もう手続きができたのか〟と思い、

「それで、母親の預金は、どこに入るのですか？　私か父に移したいのですが？」

と尋ねました。すると、

「それでは、相続関係の書類をお渡しします。こちらをご参照ください」

と、担当者から相続に関する書類を渡されました。その書類を見てみると、

相続人全員の署名と印鑑証明書が必要と記載されています。自分の家族の場合、それは無理だと思い、

「実は父は入院しており署名が難しい……」

と事情を話し始めた矢先、

「詳しくはお渡しした案内に載っているセンターにお問い合わせください」

と話を遮られてしまいました。父親のことなどまったく相談に乗ってもらえる雰囲気ではありません。

すぐに手続きができると考えていた正木さんは疲れ果てて、母親の通帳と銀行から渡された書類を持ち帰りました。書類を読み返したところ、正木さんには2つ疑問が湧きました。

まず1つ目は、父親の署名はどうしたらよいのか？　ということです。本人は署名することすら難しい状態です。父親が認知症の場合、どうしたら手続きができるか確認する必要があります。

2つ目は、弟の印鑑証明書はどうしたらよいのか？　ということです。相続

人が海外にいる場合でも、印鑑証明書が必要なのでしょうか。弟にどう伝えたらよいのか、戸惑ってしまいます。

分からないなりにインターネットで調べてみると、〝遺産分割で相続人が認知症の場合は、成年後見人……〟などと載っています。成年後見とはどういったものなのか、初めてのことばかりです。弟にも色々と確認してみないといけません。

東京に戻らなければならないタイムリミットが迫ります。1つも手続きを進められなかったことに正木さんは焦りともどかしさを覚えました。何かいい方法がないか調べれば調べるほど、堂々巡りに陥ってしまいます。

第2章

財産漂流
～高齢者の財産はどこへ行く

高齢者の「老後の備え」「まずは貯蓄へ」習慣が思わぬネックに

日本人は、貯蓄を好む国民だと言われています。

2019年（令和元年）、金融庁の金融審議会が〝老後には2000万円必要〟と試算したことが大きく報道されました。あくまで1つの基準としながらも、この数字は国民の注目を集め賛否両論が渦巻きました。いかに私たちが老後の資金についてナーバスになっているのか誰の目にも明らかになったのです。

報道が過熱していく中、これまで成年後見人などの立場でシニア層の財産を預かってきた身としては、この状況を冷めた目で見ていました。数字だけが独り歩きした短絡的な議論ではないかと……。

確かに、将来に対する漠然とした不安が日本全体を覆っています。この先、何かあったときに頼りになるのはおカネです。

だからといって、一律に判断する必要はないように感じています。

そもそも、平均寿命が毎年公表されていますが、人の寿命は当然のことながら人それぞれです。生涯病気知らずの方もいて、平均寿命を大きく上回ること

世帯主の年齢階級別貯蓄・負債現在高
（二人以上の世帯）2020年

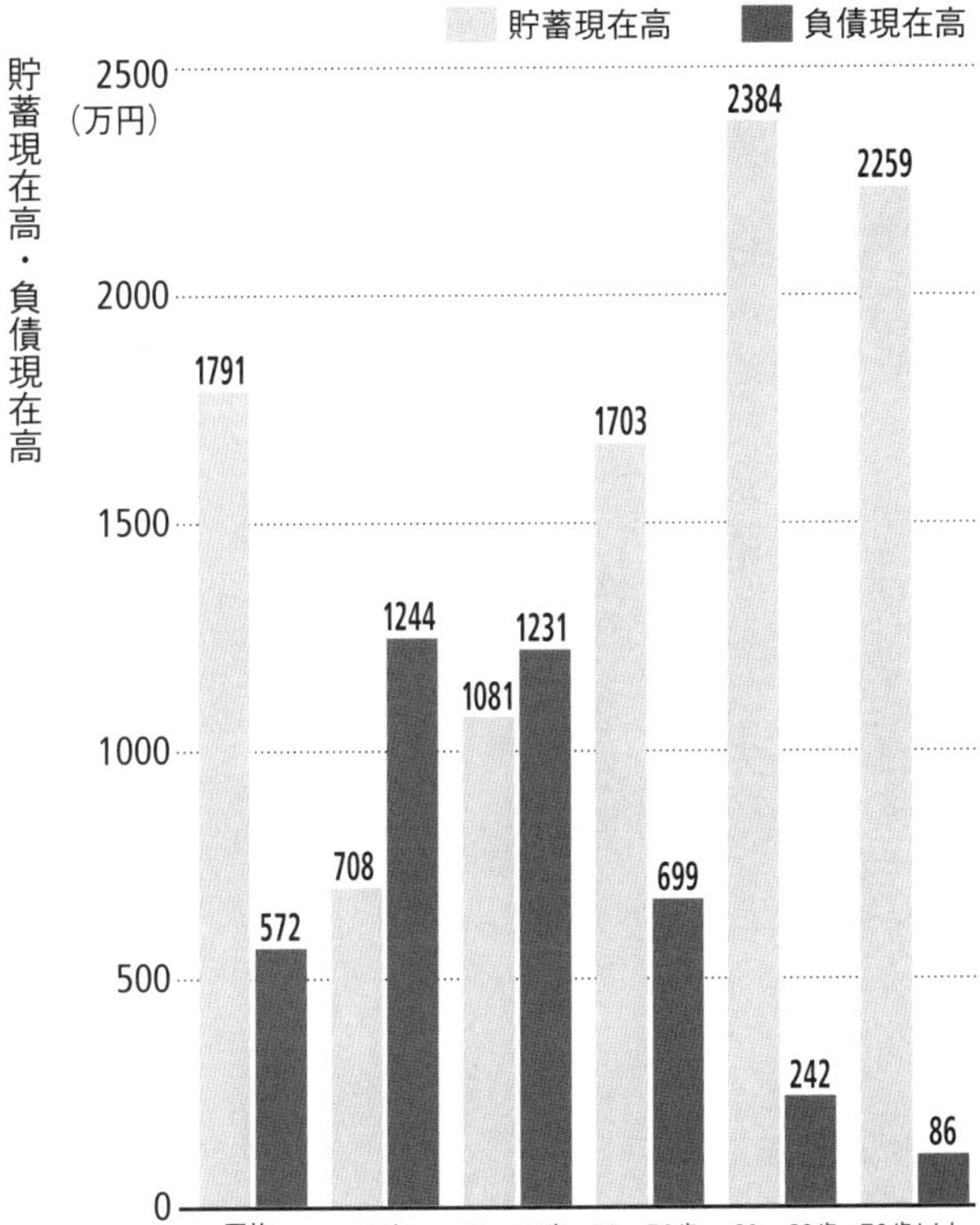

出典／総務省統計局「家計調査報告」

も珍しくありません。そのような方の中には、年金だけで十分やっていけると手応えを感じている方もおられます。

一方、若くして介護や長期療養を必要とする方もいらっしゃいます。介護や療養が長引けば、自宅での生活が難しくなり、介護施設での生活が長期にわたることが考えられます。自宅を売却せずに維持しながらとなると、二重に支出が増えるケースもあります。

実際のところは、**個人の寿命や健康状態によって、老後に必要な資産は大きく変わってくる**のです。

将来に対する不安が大きい以上、老後に必要な資金を考えてしまうのも無理はないでしょう。しかしながら、**老後に必要な資金の大前提として〝老後に必要な健康な心身〟について見つめ直すことが先決**です。

そして、心身の健康を考えるとともに、人生の目標を確認しましょう。老後にやりたいことや夢について、目を向けることを忘れてはいけません。例えば、海外旅行をたくさんしたい、孫がスポーツ選手として活躍できるよう応援したい、という目標があったとします。だとすれば、老後の資産は否が応でも多く残しておく必要があります。

そうではなく、カルチャーセンターで仲間と趣味を楽しむだけで十分ということであれば、大きな資金を用意する必要性は低くなります。

老後に自分が何をしたいか何をしたくないか、まずはそのことを明確にすべきです。それが、老後に必要な資金を考える出発点となります。

よくシニア層の依頼者と話していると、〝もう歳だから〟と言って自分の老後の計画についてあまり考えようとしない方に出会います。確かに人間は歳を重ねていきますが、自分の人生の中で今が一番若いということを思い出してほしいと思っています。

老後に必要な資産については、日本人を一括りにできるものではありません。世代によっても変わります。日本人は貯蓄を好む国民だと述べましたが、すべての世代が貯蓄に専念できているわけではありません。現役世代であれば、住宅ローンや教育費の支出がかさむため、思ったより貯蓄に回せていないなど様々な事情があります。

実際のところ、**日本人の家計金融資産の60％以上は、60歳以上の世代が保有しているる**とされています。金融資産を多く持っているにもかかわらず、現状を維持しようとしたり、あるいは、さらに貯蓄へ回そうとする傾向があるのです。


そして今、この世代の「まずは貯蓄へ」という習慣が思わぬネックになっています。**本人が認知症となり、〝いざという時に、動かせない〟ケースが続出しているる**のです。自分や家族のために貯金を使おうと思っても、認知症が進行してしまうと口座凍結や契約不能により金融資産に手がつけられない状態です。何のために蓄えてきたのか分からない、そんな事態が起こっているのです。

このことは、本来、市場に出回り経済を動かすはずだった資産が止まっていることを意味します。

日本の現状は言わば、血液（資金・おカネ）の体内循環（日本経済）に支障をきたしているのです。貯蓄が日本経済に還元されないため、市場に資金が流れないのです。

もし、政府が本気で内需拡大を考えるのであれば、この血液が上手く流れる政策を取るべきです。老後にいくら必要などといった議論は、メディアを喜ばせ国民の将来への不安をますます煽るだけです。どうすれば高齢者の資産を円滑に動かすことができるのか、真剣に考えなければなりません。認知症社会と経済政策とは、まさに表裏一体なのです。

望まれる生前贈与、生前消費

前項で、日本の金融資産の60％以上を60歳以上の世代が保有しているとお伝えしました。

この数字だけをとらえると、その世代からもっと若い世代に資産が回るような政策が望ましいように感じられます。

実は、現在の若い世代は資産形成が難しくなっている側面があります。これは、**若い世代は非正規社員の割合が高く、また、少子高齢化による社会保障費**

の負担が増えているためです。社会保障費増加の分かり易い例が、会社員の社会保険料です。健康保険料や厚生年金保険料は会社と折半なのですが、その保険料率がこれまで上昇を続けました。厚生年金保険料率を例に挙げれば、２０１７年（平成29年）に上限の18・３％に達しています。給与から控除されますので、その分手取り収入は減ってしまいます。

さらに、40代になれば、介護保険料の負担が発生します。介護保険料率も上がっており、給与から実際にもらえる額は、その分少なくなります。

もちろん、給与が増えれば社会保険料が引かれても、手取りは増えることになります。しかしながら、業種にもよりますが、日本の給与の伸び率はほぼ横ばいです。そして、労働基準法で残業規制が強化され、残業して所得を増やすことが抑止され始めています。

〝人生１００年時代〟〝副業解禁〟といった最近はやりの言葉……。国や会社はこれ以上の面倒を見れないので、後は自分たちで補ってというメッセージが込められているかもしれません。

いずれにしても、若い世代に資産が流れる仕組みをつくっていくことが重要です。認知症により資産が凍結されてしまえば、市場におカネが流れる機会が失われます。まして、相続時に相続人不存在ともなれば国庫に帰属することになり、その機会は完全に消えてしまうのです。

では、資産を循環させるためにはどうすればよいのでしょうか。

直接、若い世代に資産を流す仕組みとして最も一般的なのが生前贈与です。

生前贈与とは、生きている内に次の世代や配偶者などに財産を移すことです。

この生前贈与は、財産をあげる人ともらう人との契約になります。したがって、どちらかが認知症になってしまうと、契約の効力をめぐって問題となることがあります。第３章で説明する成年後見制度を利用した場合には、後見人の判断によっては贈与できない可能性があります。

注意点は、それだけではありません。税金のことを頭に入れておく必要があります。贈与では年間１１０万円までは基礎控除となり（２０２１年時点）、贈与税はかかりません。しかし、それを超えると他の控除の規定が適用されない限り贈与税の対象となります。相続の際にみなし財産とされることもあり、税理士等の判断を仰ぎながら検討すべきでしょう。

国は手をこまねいているわけではありません。一部の世代で資金が停滞しないよう、孫への教育資金援助の控除額拡大など生前贈与へのインセンティブを用意しています。

生前贈与と並んで重要なのが、生前消費です。日本はGDPに占める内需の割合が高いです。ところが、その内需に直結する消費ですが、国民の消費マインドは依然低い状態です。

その原因は、将来に対する不安が大きいことが背景にあります。いくらデフレ脱却が叫ばれても将来に不安があれば、国民の財布の紐は堅いままです。

また、昭和の経済成長期にあった「三種の神器（テレビ、冷蔵庫、洗濯機）」に代表される消費意欲を促すものは、令和の時代ではなかなか見つけることができないのが現状ではないでしょうか。

人生年表を把握する

『未来の年表　人口減少日本でこれから起きること』（河合雅司著、講談社現代新書）がベストセラーとなりました。人口統計を踏まえながら、人口減少による問題と対策についてとても分かり易く解説されています。

国の将来予測ができるように、人の一生についてもある程度予測を立てることができます。もちろん、人の寿命や健康状態は人それぞれなので、すべての人に当てはまる予想は不可能です。しかし、**介護や認知症などの人生に起こり得るリスクを想定してこそ、リスクマネジメントができる**というものです。

それでは、老後を中心とした人生年表を押さえるにあたって何から考えればよいでしょうか？

まず思いつくのが、**人生の1つの区切りとなる「退職」**についてです。

依頼者の方とお話ししていても、〝あと○年で定年です〟といったように退職時期についてはしっかりと把握しておられます。定年については、労働人口の減少や社会保障費の抑制から、雇用年齢を引き上げる政策が進められていま す。その代表例が、2021年（令和3年）4月から施行された改正「高年齢者雇用安定法」です。今後、70歳までの就業機会確保が企業に求められるのです。したがって、定年が70歳という時代もそう遠くないかもしれません。

ここで大事なこと。それは、定年後も人生は続くということです。仮に人生100年としたら、60歳で早期退職した場合で残り40年、70歳だと残り30年。これだけセカンドライフの時間が残されているのです。仮に40年だとすると、それこそ就職してから退職するまでの期間とほぼ同じということになります。

では、定年時にはどういうことが起こり得るのでしょうか。

定年時には通常、子育てが一段落しているものと思われます。その代わりに**直面するのが親の介護や相続**です。親世代の寿命も延びているので、健在だとしても何かしらの介護が必要で施設入所を検討することも考えられます。

親の介護に対応し看取りを終えた後は、今度は自分自身の健康状態が気になるかもしれません。持病が悪化したり、手術や治療の必要性が出てきたりと身体の不調が出てくる可能性があります。

介護保険が適用となるのは、基本的に65歳からです。今の時代、60代はまだまだ若いので、実際は70代から利用する方が多いです。

そして、**身体の衰えとともにやってくるのが、認知症**です。いわゆる年相応の物忘れであれば、そこまで生活に支障はないかもしれません。しかし、アルツハイマー型認知症などの病気となれば、治療の必要性が出てきます。そして、認知症の症状が進行すれば、自分で財産を管理することや契約を理解することが難しくなるなど、本人に不利益が生じてしまいます。

70代、そして、80代になれば、自分にもしものことがあった場合を意識するようになります。いわゆる終活を始める時期です。お墓のこと、葬儀のこと、そして、自分が築いた財産のことなど、介護や認知症のことに加えて考慮する年代となります。遺言を作成するのもこの年代が多いように思われます。

もしこのとき認知症になっていたら、介護や相続のことなどをどうするかを自分自身で決められない可能性があります。認知症の症状によっては、遺言を作成する能力にも影響してきます。

老後を中心とした人生年表を確認しながら、自分の人生は自分で決め、よりよい人生を送ることを目指しましょう。

平均寿命に惑わされるな

超高齢社会の真っ只中にいる私たちは、認知症への備えを少しでも早く講じることが何より重要となります。認知症が進んでしまうと取り得る対策が限られてくるためです。

そこで、ある意味やっかいなのが〝平均寿命〟です。２０１９年（令和元年）の日本人の平均寿命は、男性が81・41歳で女性が87・45歳です。少し前まで男性は80歳に達していませんでしたが、２０１３年（平成25年）に女性よりも平均寿命が短いとされる男性も80歳を超えるに至ったのです。

この平均寿命から浮かび上がる数字を、読者の皆さんはどのようにお感じになるでしょうか？

一つ言えるのは、〝この歳くらいまでは元気でいられるだろう〟と思っている方があまりに多いことです。認知症の対策を取った方がいいのは分かっていても、80歳を過ぎてからで大丈夫だろう、とついつい考えてしまいます。

しかしながら、認知症になるとついこの間まで元気だった方が思いがけず日常生活を送れなくなります。本人は自分を取り巻く状況が分からないことが多いため、本人以上にその家族や関係者が右往左往することになります。

ここで、ぜひ第1章の事例で登場した方々を思い出してください。認知症になるのは、必ずしも平均寿命を超えた方ばかりではありません。皆さんこれまで普通に生活していたのに、認知症の進行で本人の思いとは裏腹に、生活が一変してしまった方ばかりです。認知症は、健康な人にとっても決して無関係ではないのです。

毎年発表される平均寿命。この数字はあくまで、平均して何歳まで生きることができるのかという1つの基準です。それまでは介護が不要であるとか、認知症にならないと保証された数字ではないことを改めて押さえておく必要があります。

それでは、何を基準にすればよいのでしょうか？　実は、平均寿命とは別に健康寿命と言われるものがあります。

健康寿命とは、日常生活を制限されることなく健康的に生活を送れる期間だとされています。厚生労働省の調査によると、2016年（平成28年）の男性の健康寿命は72・14歳、女性が74・79歳となっています。

この数字を見て、お気づきになることがあると思います。そうです、平均寿命とは異なり、男女差があまりないのです。

個人差は当然ありますが、健康寿命を境に身体機能が低下してしまう可能性があります。身体機能が衰えると、気力や意欲までも低下してしまう恐れがあります。**〝心身〟という言葉のとおり、心と身体の問題はセットで認識しなければなりません。**

平均寿命と健康寿命の推移

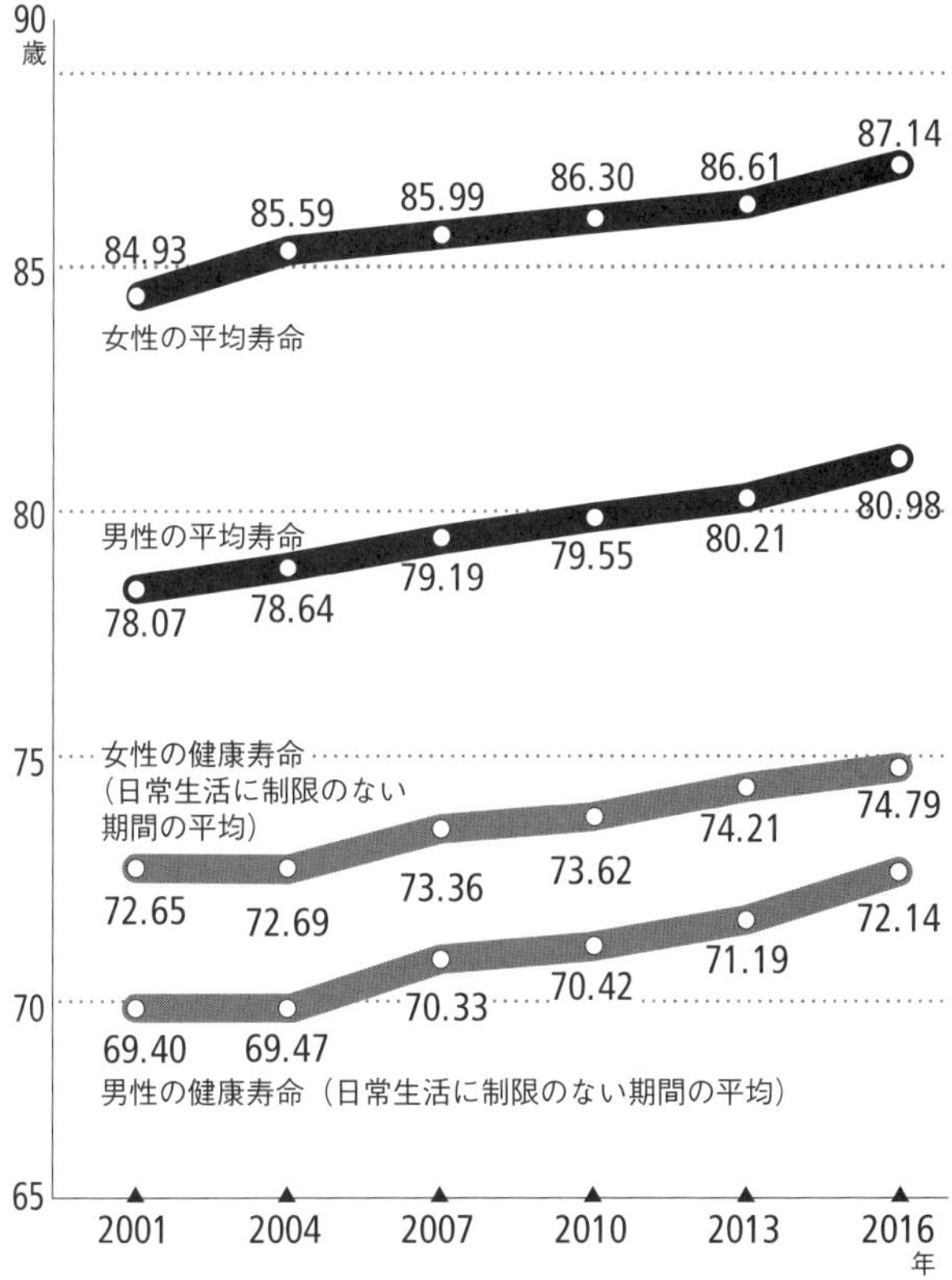

資料：平均寿命については、2010年につき厚生労働省政策統括官付参事官付人口動態・保健社会統計室「完全生命表」、他の年につき「簡易生命表」、健康寿命については厚生労働省政策統括官付参事官付人口動態・保健社会統計室「簡易生命表」、「人口動態統計」、厚生労働省政策統括官付参事官付世帯統計室「国民生活基礎調査」、総務省統計局「人口推計」より算出。

身体や気力が衰えたために、自分の生活などに無頓着となってしまい、認知症が進むことも有り得ます。健康寿命を1つの基準に自分や家族の生活を守る対策を講ずることが望ましいのです。

認知症は家族、健康、財産の問題

認知症は様々な問題をはらんでいます。家族の問題、健康の問題、財産の問題とその影響は多岐に渡ります。

認知症に関する相談の特徴。それは、認知症になった本人以上に周りの人が悩み苦しんでいる点です。親の定期預金を解約できない子ども、本人の財産管理をどうしたらよいのか分からないケアマネージャー、入所者の郵送物の対応に困る施設……。

そもそもどこに相談に行くべきか、迷われるケースもあります。中には、役所から警察に行き、法律の無料相談会に参加し、ようやく司法書士である筆者の事務所にたどり着いた方もいらっしゃいます。

本人と家族の関係も千差万別です。家族が本人のために色々と立て替えていることもあれば、本人のお金を自分の生活費のために使い込んでいるケースもあります。家族の現状については、良好かどうかを含めその関係性をしっかりと見極めることがとても重要です。

また、認知症は健康問題そのものでもあります。第1章の事例で出てきたように、部屋がぐちゃぐちゃで衛生環境が悪化していたり、飲酒ばかりできちんと食事をとれていないケースがあります。そのことから、認知症以外の病気へとつながります。

逆のパターンもあります。病気をきっかけに、認知症へとつながってしまうケースです。典型的な例が、脳梗塞や脳出血により脳細胞がダメージを受け、認知症の症例である記憶障害や見当識障害が出てしまうものです。

そしてさらに、この健康問題が財産に関わる問題へと発展します。記憶障害

認知症高齢者の将来推計

65歳以上高齢者のうち、認知症高齢者が増加していくと推計されています。(括弧内は65歳以上人口対比)

出典／「日本における認知症の高齢者人口の将来推計に関する研究」
(平成26年度厚生労働科学研究費補助金特別研究事業　九州大学 二宮教授)による速報値

などによって、本人が自分の財産を管理することが難しくなります。通帳を紛失したり、支払いがまったくできていなかったりと、**本人が意図したわけではないのに自分の財産の保全や運用に不都合が生じる**のです。

そうすると、誰が本人に代わり、財産を管理するのかという課題に直面します。その場合、有力な候補者は家族です。ＡＴＭなどを利用して本人を上手くサポートできれば問題はないでしょう。ただし、家族間で争いになるケースは注意が必要です。通帳を預かっていた人が他の家族から使途を疑われ、後々トラブルに発展することも珍しくありません。また、実際に、家族や知人が本人に黙って使い込んでいるケースもあります。

最近では、頼める家族がいない方も増えています。

認知症の方の財産を一体誰が管理すべきか、あなたや家族には大きな課題がのしかかります。

本人確認と意思確認ができないと財産は動かせない

現在、各機関で本人確認が求められています。役所、金融機関、保険会社……。

事あるごとに本人確認資料の提示が必要となり、本人との面会が必須となるケースもあります。

一昔前であれば、必ずしも本人が手続きに行かなくても家族が代行できた事例もあります。例えば、子どもが親の通帳と印鑑を持って代わりに預金を引き出すことができていました。

ところが、最近は本人確認が非常に厳しくなっています。顔写真入りの証明書を求められて苦労したことがある方もいらっしゃるのではないでしょうか。

第1章の事例にあったように、**親のための支出であっても、本人の確認なしに高額な費用を家族が引き出せる可能性は低い**です。近年では、本人が認知症であると判明し、口座が凍結されてしまうケースも報告されています。

なぜ、しきりに本人確認が求められるようになったのでしょうか？

その背景としては、2つのことが考えられます。

1つは、**犯罪収益移転防止法という法律が制定された**ことにあります。この法律は、別名本人確認法と呼ばれます。

元々は、マネー・ロンダリングの防止や資金がテロリストに渡ってテロ活動に使用されることを防ぐための法律です。テロは国内だけではなく、国際的なネットワークがあるとされています。そこで、テロ活動に資金が流れることを防止するという国際的な規制が求められる中で、我が国においても法整備が行われたのです。一般市民に対し、テロのことを言われても正直ピンとこないかもしれませんが、広く規制の網がかけられた状態となっています。

2つ目は、**いわゆる〝振込め詐欺〟といった犯罪の横行**です。犯罪集団は、手を替え品を替え高齢者の資産を狙っています。警察等から注意喚起されているにもかかわらず、年々手口が巧妙化しており、金品を騙し取られる高齢者が後を絶ちません。老後の資産があっという間に奪われてしまう悪質な犯罪が、高齢者の周りには潜んでいるのです。

一度、犯罪集団にお金を渡してしまうと、お金が戻ってくる可能性はかなり低いです。このような状況では、金融機関は慎重にならざるを得ません。

以上のようなことから、年々本人確認が厳しくなり、本来であればテロや詐欺とは無縁なはずの平穏な一般市民の生活に影響が出ているのです。

ただし、預貯金のことであれ不動産のことであれ、本人の〝意思確認〟は慎重に行うべきです。なぜなら、財産をどうするかの決定権は、最終的に本人にあるからです。いくら家族であっても、本人の意思に反した行為は、法的に問題があります。

しかしながら、**認知症高齢者の増加によって、肝心の本人の意思確認ができないという大きな壁が立ちはだかっているのです。**

高齢者に優しくない金融機関

先程、高齢者の財産を狙う振込め詐欺について少し触れました。この犯罪を阻止するため、金融機関が高齢者の預貯金の引き出しや振込みに慎重になるのは仕方ないことではあります。

その一方で、金融機関の高齢者や認知症への対応については、見直すべき段階になっていると筆者はみています。というのも、これだけ**高齢化が進み認知症や相続に関する案件が増えているにもかかわらず、スムーズに対応できる窓口が少ない**からです。

まず、支店に認知症や相続案件に対応できる担当者があまりに少ないです。本人が認知症の場合の対応や、相続手続き全体の流れや、何から手をつけるべきかといったことを説明できるスタッフが果たしてどれだけいるのでしょうか。

もちろん専門職などではありませんので、事細かな解決方法まで提示することを求めているわけではありません。しかし、これだけニーズが増えている中にあっては、窓口に来た人、特に高齢者に対しては分かり易く丁寧に説明する責任があるのではないでしょうか。確かに、手続きを相続センターなどに一本化した方が効率はいいです。しかし、高齢者がいきなりセンターに問い合わせをするでしょうか。やはり、まずは窓口を訪れる人が圧倒的多数だと思います。

課題に直面した高齢者は、ただでさえ不安や悩みを抱えています。そんな中で、けんもほろろに対応されてしまえば、その精神的ダメージは計り知れません。

かく言う筆者も、これまで手続きで無意味に長時間待たされたり、不合理な対応を受けたことがあります。成年後見人として本人の病院代を下ろす際に、病院の請求書を見せるようにと言われたことがあります。後見人は、正当な権限により支払いなどの財産管理を行うので、本人に関する請求書を見せる理由はまったくありません。

またある時は、依頼者の代わりに預貯金の解約をしようとした際に、上席と思われる担当者から開口一番「いきなり書類を持って来られても、こちらも迷惑なんですよ」と、それこそいきなり言われたことがあります。あまりの横柄さに、「それなら、事前予約が必要と店舗に貼り出されたらいかがですか？」などと返しました。

さすがにまずいと思ったのか、「先生、いい時計をつけていますね」と態度を軟化させました。ちなみに、筆者の時計はロレックスなどではありません……。

現在、**どの銀行も相続手続きを相続センターに一本化する傾向にあります。**しかし、窓口に行けば手続きができると考えている人は依然として多いです。センター経由となることや手続き完了までに一定期間かかることをもっと広く告知すべきではないでしょうか。

最近では、認知症になっても家族が預金を引き出せる商品があります。しかし、これもあくまで本人が認知症になる前に代理人を設定しておく必要があります。こちらについてもメリットとデメリットを広く提示することが求められます。

ようやく金融機関の方でも認知症に対応しようという動きが出ています。認知症対応のための新たな資格を金融機関が導入すると発表されました。

肩書だけで終わらないよう、しっかりと顧客に寄り添ってほしいところです。

相続人不存在で国庫帰属525億円

２０１９年（平成31年）１月８日の毎日新聞朝刊に驚きの記事が掲載されました。

その記事は、『国庫入り遺産５００億円超、相続人不存在増え　17年度過去最高』という見出しで始まり、**相続人が誰1人おらず国庫に納められた財産の総額が初めて500億円を突破した**というものでした。かなりの額の遺産が宙に浮き始めている現実が浮き彫りになったのです。

相続人がいない人の遺産が〝国のものになる〟ということは一般的に知られていると思います。ただ、相続人には、配偶者や子どもの他に、両親、兄弟や姉妹、甥や姪などが該当します。これだけ相続できる人の範囲があると、国のものになることはレアケースだと考えられがちです。

ところが、昨今の単身世帯の増加などにより、いわゆる独り身の方が増加しています。もしも、その方に兄弟や姉妹といった相続人となる家族がいなければ、相続人不存在となってしまいます。また、結婚していても注意が必要です。

子どもがいないなどの事情があれば、どちらかが先に亡くなり、相続人不存在となるケースもあります。

もはや、相続人不存在は決してレアケースではないのです。冒頭の記事は、そのことを如実に示しています。記事によると、**国庫帰属財産額や相続財産管理人選任件数は、年々増加している**とのことです。

筆者も成年後見人のみならず、相続人不存在の時に財産を管理する相続財産管理人に就任し業務を行っています。相続財産管理人になると、改めて相続人を調査し、不動産などの財産の換価を行ったうえで残債務の清算をし、残った金銭を国に納付する手続きを行います。そのようにしながら、故人の財産を整理し清算するのです。

国に渡す前に生前に本人の介護などで貢献した方がいるようであれば、その方を特別縁故者として残った財産をお渡しすることがあります。しかし特別縁故者もいなければ、最終的に国庫に納付することになります。数万円から、時には何千何億円もの遺産を納付書1枚で国に納めるのです。

本人が一生懸命に蓄えた財産。それが、生前本人のために使用されることなく、相続人に引き継がれることなく、公益団体など本人が希望する団体などに寄付されることもなく、国庫へと消えていっているのです。

第3章

成年後見人のリアル
～普及率2％のからくり

ここからは、**認知症高齢者を支える「成年後見人」制度**について解説していきます。

第1章の事例にもあったように財産が凍結されてしまうと、取り得る対策は基本的に成年後見に限られてきます。財産凍結に対する〝最後の砦〟となるわけですが、制度としては残念ながら未完の状態です。

最近では、後見制度そのものを否定的にとらえる論調が目立ちます。的を射た指摘もありますが、中には成年後見人になったこともない方が後見制度を論じており首を傾げてしまうものもあります。

筆者は法律実務家として、成年後見人選任に関する申立書作成のお手伝いから、実際に成年後見人に就任した後の業務まで行っています。常時10人前後の方を担当しています。

本章では実務の現場から成年後見人のリアルについてお届けできたらと思います。

介護保険と両輪のはずが

本章のテーマである成年後見制度ですが、あるメジャーな制度とセットでつくられたことは一般的にはあまり知られていません。その制度とは、「介護保険制度」のことです。

両制度ともちょうど2000年（平成12年）4月1日にスタートしました。

なぜ、この2つの制度がセットなのか？

それはこのときに高齢化社会に対する向き合い方が大きく変わったからです。

それまで、介護サービスを受けるには市区町村等の行政判断が必要でした。いわば〝お上〟から介護内容や入所施設について指導されていたのです。そのような形態は、「措置制度」と呼ばれていました。

しかし、1980年代以降、日本もヨーロッパ諸国に続くように高齢化が進み始めます。

従来からの「措置制度」では立ち行かないことが明白になっていったのです。

そこで、先進諸外国の制度を参考にしながら、高齢化社会に耐えうるよう介

要介護度別認定者数の推移

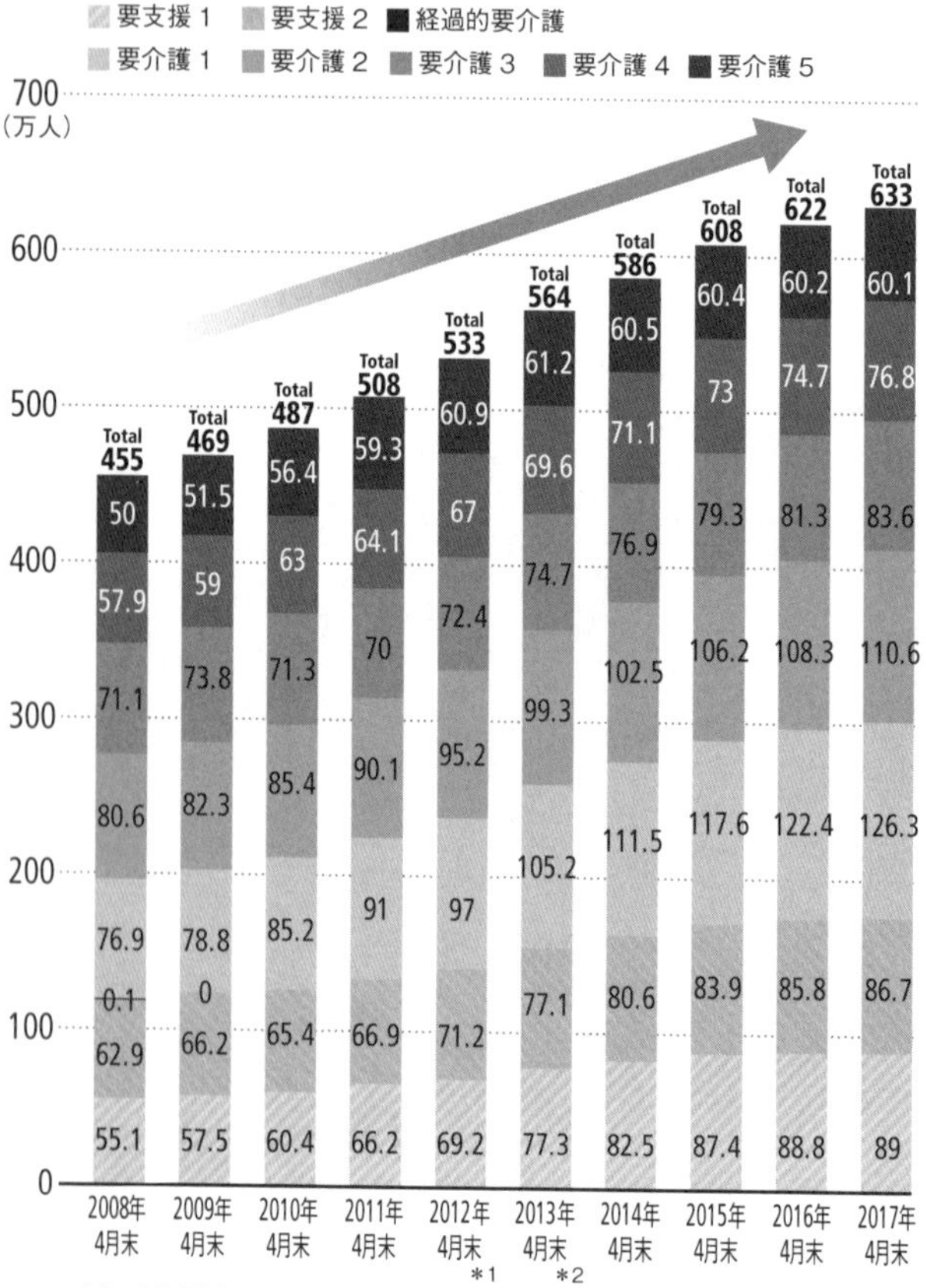

出典：介護保険事業状況報告（厚生労働省）
＊１／陸前高田市、大槌町、女川町、桑折町、広野町、楢葉町、富岡町、川内村、大熊町、双葉町、浪江町は含まれていない　＊２／楢葉町、富岡町、大熊町は含まれていない

護保険制度を創設していくことになります。世界の潮流は、ノーマライゼーションや自己決定権の尊重となってきており、介護保険制度においても本人主体へと切り換わっていきました。

介護保険制度では、利用するサービスを本人が決定し、自ら契約する形が取られます。介護現場では「措置から契約」へと変革されたのです。

そしてここで登場するのが、成年後見制度です。なぜかと言いますと、介護保険制度の下では受ける介護内容や入所する施設を自ら選び契約することになります。しかし、判断能力の低下によりそれが難しい場合があります。

本人の代わりとなる人、あるいは、本人をサポートする人が求められるのです。その代わりとなる人が成年後見人ということになります。

このような経緯があり、**介護保険制度と成年後見制度は、「車の両輪」**と位置付けられています。しかし、両輪の１つである成年後見制度は、幾多の課題を抱えています。

成年後見制度～国は推奨するのに、なぜ進まない

介護保険制度との両輪でスタートした成年後見制度。

しかしながら、介護保険と比べてその知名度や利用率も低迷しているのが現状です。創設から20年以上経っていても未だ市民権を獲得しているとは言えません。

その理由は、認知症高齢者が減っているからなのでしょうか？

いいえ、ご存じのとおりそんなことはありません。高齢化社会の到来にともない認知症患者数は増加の一途を辿り続けています。厚生労働省の将来推計によると、２０２５年には65歳以上の５人に１人にあたる約７００万人が認知症になるとされています。

認知症高齢者が増えている一方で、制度利用が進んでいない現実……。そのギャップについて理解しなければなりません。

今一番言えることは、制度利用を敬遠される傾向の方が強まっていることです。〝使ってはいけない〟〝後見人に横領される〟〝第２の財産凍結〟などとま

成年後見制度の利用促進

●全国どの地域に住んでいても、成年後見制度を必要とする人が制度を利用できるよう、「成年後見制度利用促進基本計画」に基づく市町村の中核機関（権利擁護センター等を含む。以下同じ。）の整備や市町村計画の策定を推進する。

●成年被後見人等の利益や生活の質の向上のための財産利用・身上保護に資する支援ができるよう、成年後見人等に対する意思決定支援の研修の全国的な実施を図る。また、「任意後見」「補助」「保佐」制度の広報・相談体制の強化や、市町村等による市民後見人・親族後見人への専門的バックアップ体制の強化を図る。

●後見等の業務を適正に行うことができる法人を確保するために、市町村の取組を支援する。

出典：認知症施策推進大綱　認知症施策推進関係閣僚会議　令和元年6月18日

で言われ、ここまで避けられる制度もある意味珍しいかもしれません。

そんな傾向にあっても、政府は近い将来の認知症社会を見据え成年後見制度の促進を掲げています。

2019年（令和元年）に定められた「認知症施策推進大綱」というものがあります。これは、認知症に対する施策について、政府全体の方針を定めたものです。その中では、はっきりと成年後見制度の促進が掲げられているのです。

まったく評判がよくないものをさらに進めようとしているこの矛盾。これでは、一般市民の混乱はますます深まるばかりです。

子どもが後見人になれないショッキングな統計

成年後見制度の不信の1つ。それは、**子どもを始めとする親族自らが希望通りに成年後見人（以下、「後見人」）になれない**ことにあります。

後見人は、家庭裁判所によって選ばれます。ところが近年、家庭裁判所は、親族を選任しない傾向が強くなっています。

その傾向は、統計からも一目瞭然です。今や何と8割以上が親族以外から選任されています。最高裁判所事務総局家庭局の発表によると、2020年（令和2年）において、関係別件数（合計）のうち、親族が7242人で19・7%、親族以外が29522人で80・3%となっています。ちなみに、親族以外とは、司法書士、弁護士、社会福祉士などの専門職、市区町村等が実施する養成研修を受けるなどした一般市民の方となっています。

もちろん、親族が選ばれているケースもありますので、可能性はゼロではありません。しかし圧倒的に第三者が選任されている現状があります。

少なくとも〝自分が後見人になれる〟と安易に思い込むのはやめた方がよいでしょう。

もっとも当初からそうだったわけではありません。成年後見制度開始当時のデータを見ると、専門職の割合は全体のわずか8%ほどです。制度がスタートした当初は、あくまで親族がメインだったことが分かります。基本的に親族を後見人に選任し、対応できる親族がいない場合に専門職を当てるスタンスでし

成年後見人等と本人との関係について

成年後見人等と本人との関係別件数とその内訳の概略は次のとおりである。

関係別件数（合計）	36,764件（前年 35,723件）

〈関係別件数の内訳〉

親族		**7,242件**	**（前年 7,782件）**
親族以外		**29,522件**	**（前年 27,941件）**
親族以外の内訳	弁護士	7,731件	（前年 7,768件）
	司法書士	11,184件	（前年 10,542件）
	社会福祉士	5,437件	（前年 5,134件）
	市民後見人	311件	（前年 296件）

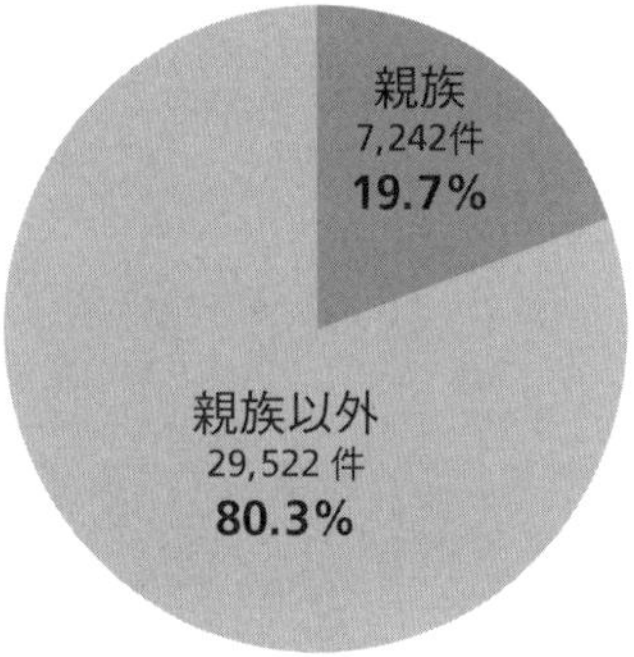

出典：最高裁判所事務総局家庭局　成年後見関係事件の概況　令和2年1月～12月

た。

ところが、制度開始から20年も経たないうちに、真逆の状態となってしまいました。その理由として言われているのが、**親族が後見人になると不正が多発する**からということです。確かに、財産を適切に管理する後見人になったにもかかわらず本人の財産を使い込むケースが後を絶ちません。

ただ、本当にそれだけが理由でしょうか。不正だけで言えば、専門職であっても不正が発覚し後見人を解任されるケースが報告されています。親族による不正の方が件数としては多いですが、専門職による不正も相変わらず続いています。

見直すべきは、不正防止ばかりではないようです。

後見人のなり手として専門職に頼るばかりで、親族後見人をサポートする体制があまりにお粗末になっていないでしょうか。そもそもサポート体制があるかすらも疑問です。

親族であれ専門職であれ、不正防止の対策を取ることは当然です。しかし、親族後見人に対しては、いつでも相談できる窓口を設置する、定期的に出す報告書を簡素化する、報酬を受けるよう促す、などもっと創意工夫ができないものか疑問がわくばかりです。国や裁判所は、成年後見制度運用に対して想像力や共感力に欠けています。

硬直化した制度がますます国民の関心を遠ざけてしまっているのです。

こんなにも大変、後見人選任申立書の作成

親が認知症となり、金融機関などから後見人をつけるように言われてしまうことがあります。

これに対しては、「そう簡単に言うもんじゃない」というのが一般市民の率直な意見ではないでしょうか。

というのも、後見人を利用するにあたっては、家庭裁判所に申立書を提出する必要があります。それは、Ａ４用紙１枚で事足りるようなものではありません。

よくあるパターンが、後見人選任を思い立ったが、制度の複雑さのためにすぐに挫折してしまうことです。管轄の裁判所が遠い、裁判所に行ったはいいが後見制度のビデオを見せられ嫌になった、役所に行ったが対応してくれなかった、など様々な理由で諦める方がいます。

それらを乗り越えたとしても、中立書作成の壁にぶつかることがあります。中立書には、添付書類として医師の診断書を添付しなければなりません。**後見制度は、本人の判断能力に応じて、後見、保佐、補助の3段階に分かれています。**本人がどの状態であるのか、医学的判断を仰ぐのです。

この診断書ですが、認知症専門医でなくても、かかりつけ医に書いてもらったものでも大丈夫です。このことは、一般的にあまり知られておらず、診断書の取得に苦労される方もおられます。

診断書以外にも提出する書類がまだまだあります。その中でももっとも馴染みが薄いのが、「登記されていないことの証明書」です。何の証明書だかよく分からないと思いますが、これは**本人が事前に後見人（任意後見人）を選任して**

診断書記載例

モデル事例：認知症（重度），施設入所【表面】

（家庭裁判所提出用）

診断書（成年後見制度用）

1 **氏名** ○○ ○○　　㊚・女

○○○○年○月○日生（80歳）

住所 ○○県○○市○○町○○—○○

2 **医学的診断**

診断名（※判断能力に影響するものを記載してください。）

レビー小体型認知症（DLB）

所見（現病歴，現症，重症度，現在の精神状態と関連する既往症・合併症など）

2012年頃より幻視が出現。夕方などに「人が見える」と述べたり，夜間の睡眠中に誰かと言い争っているような言動がみられるようになった。物の置き忘れが目立つようになり，簡単な計算も出来なくなったため，2013年6月，A病院神経内科を受診。DLBと診断された。かかりつけBクリニックへ通院し治療を継続していた。2015年頃には書字が困難となった。2016年3月頃より幻視が活発となり，また，「妻が自分に危害を加えようとしている」と述べ，妻への暴力がしばしばみられるようになったため，同年7月，紹介にて当院（精神科）を初診。DLBにともなう幻覚妄想状態の増悪と診断し，入院にて治療を行うこととした。薬物療法，専門リハビリテーションにて病状は徐々に改善し，2017年5月に退院。特別養護老人ホームへ入所し，引き続き，当院にて定期的に通院加療を行っている。

各種検査

長谷川式認知症スケール（☑ 8点（2018年4月10日実施） □ 実施不可）

MMSE（☑ 7点（2018年4月10日実施） □ 実施不可）

脳の萎縮または損傷等の有無

☑あり→（□部分的にみられる ☑全体的にみられる □著しい □未実施）

□なし

知能検査

その他

ドーパミントランスポーター（DaT） シンチグラフィー：

両側線条体におけるDaTの著明な集積低下（2015年7月5日施行）

短期間内に回復する可能性

□回復する可能性は高い ☑回復する可能性は低い □分からない

（特記事項）

3 **判断能力についての意見**

□契約等の意味・内容を自ら理解し，判断することができる。

□支援を受けなければ，契約等の意味・内容を自ら理解し，判断することが難しい場合がある。

□支援を受けなければ，契約等の意味・内容を自ら理解し，判断することができない。

☑支援を受けても，契約等の意味・内容を自ら理解し，判断することができない。

（意見）※慎重な検討を要する事情などがあれば，記載してください。

1/2 ➡ 裏面に続く

診断書記載例

モデル事例：認知症（重度），施設入所【裏面】

（家庭裁判所提出用）　　　　裏面

判断の根拠

(1) 見当職の障害の有無

☑あり→（□まれに障害がみられる　□障害がみられないときが多い　☑障害が高度）

□なし

［デイルームから自室に帰ることが困難。慣れた生活環境においても，目的に沿った単独での移動が見守りのもとでも難しく，必ず誘導が必要である。］

(2) 他人との意思疎通の障害の有無

☑あり→（□意思疎通ができないときもある　☑意思疎通ができないときが多い　□意思疎通ができない）

□なし

［あいさつ，食欲・身体状態を尋ねる簡単な問いに対する返答等はできるが，しばしば意識傾眠にて疎通困難のことが多い。］

(3) 理解力・判断力の障害の有無

☑あり　□程度は軽い　□程度は重い　□顕著

□なし

［施設スタッフ，他の入居者との会話に際して，問いかけに対して無関係の内容を答えることが多く，また，日々の日課に際しても，まとまりある行動をとることができない。］

(4) 記憶力の障害の有無

☑あり　□程度は軽い　□程度は重い　□顕著

□なし

［数分前の会話の話題，行事の後でどのような活動をしたか等を想起できず，近時記銘力の障害が顕著である。自らの誕生日もしばしば答えることができず，遠隔記憶の障害も進んでいる。］

(5) その他（※上記以外にも判断能力に関して判定の根拠となる事項等があれば記載してください。）

［妻の面会に際して，妻であると認識できず，かつ，古い友人の妹であると述べる等の，相貌失認が認められる。加えて、人物誤認妄想も認められ，「何者かが悪意をもって自分に近づいてきている」等と述べ、被害関係念慮の形成傾向もみられる。］

参考となる事項（本人の心身の状態，日常的・社会的な生活状況等）

※「本人情報シート」の提供を　□受けた　☑受けなかった

（受けた場合には，その考慮の有無，考慮した事項等についても記載してください。）

以上のとおり診断します。　　　　2021年9月10日

病院又は診療所の名称・所在地　　○○県○○市○○町○○－○○

担当診療科名　　○○○○

担当医師氏名　　○○○○　　㊞

【医師の方へ】

※診断書の記載例等については，後見ポータルサイト（https://www.courts.go.jp/saiban/koukenp/）からダウンロードできます。
※参考となる事項欄にある「本人情報シート」とは，本人の判断能力等に関する診断を行う際の補助資料として，本人の福祉関係者が作成するシートです。
　提供があった場合は，診断への活用を御検討ください。
※家庭裁判所は,診断書を含む申立人からの提出書類等に基づき,本人の判断能力について判断します（事案によって医師による鑑定を実施することがあります。）

2/2　　　　（令和2年12月版）

いないことを証明するものです。東京の法務局での発行となるため、主として郵送請求することになります。

後見の申立てにあたっては、他にも財産が分かる資料を提出します。典型的なのは、通帳や保険証券です。原本を提出するわけにはいかないので、本人の財産に応じてコピーを取り提出します。資料のコピーで終わりではありません。それらをもとに財産目録や収支予定表を作成しなければなりません。

申立書の作成に時間がかけられないなどの事情があれば、司法書士などの専門家に作成代行を依頼することができます。しかしその場合は費用が発生します。その費用ですが、原則的に本人ではなく申立てをする人の負担とされています。

後見制度は駆け込み寺

後見人の利用にあたっては、予防のためというより必要にかられて急きょ利用するパターンの方が多いです。

そのことは、先程も出てきた最高裁判所事務総局家庭局の統計からも分かります。申立ての動機として、預貯金等の管理・解約が最も多くなっています。つまり、金融機関による認知症を原因とする口座凍結などにより、慌てて後見人を選任するのです。

その他にも、**割合が多い順に、身上保護、介護保険契約、不動産の処分、相続手続、保険金受取、訴訟手続等**となっています。何か手続き上の必要性に迫られて、利用していることが分かります。

後見人は、法定代理人という位置付けになります。本人の代わりに財産を管理したり処分したりする権限を付与されます。**本人の代わりに動ける権限のことを、「代理権」と言います**。代理権があるので、本人に代わって預金の引き出しや契約ができるのです。

また、後見人には他にも「取消権」という権限があります。本人がしてしまった不要な契約などを取り消すことができるのです。

いずれにせよ、本人やその財産に何かあって初めて後見人を利用していると

主な申立ての動機別件数・割合

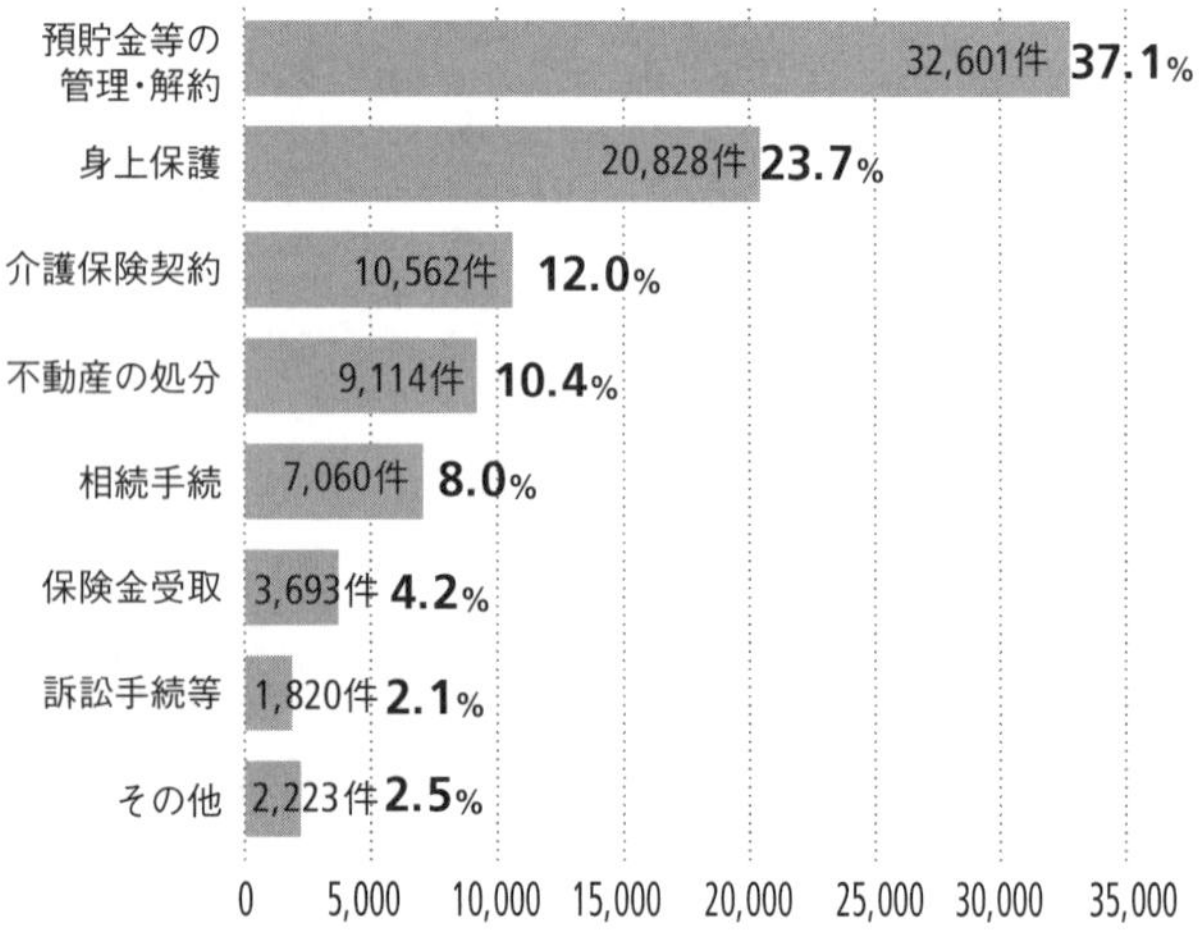

出典：最高裁判所事務総局家庭局　成年後見関係事件の概況　令和2年1月～12月

言えます。第1章の事例でもあったように本人がトラブルに巻き込まれたり、本人が自分で自分の財産を管理できなくなったりした状態で、後見人利用につながっているのです。

後見人には、先程の「代理権」など非常に強い権限が与えられます。通常は委任（委任状）が必要なところを、それなくして対外的にやり取りすることができることになります。それも、単発のものではなく継続して代理することができるのです。

したがって、何か行き詰まったときには、後見人が選択肢となります。認知症対策として、最後の砦とされるのはこのためです。

しかし、慌てて駆け込み寺に駆け込んでしまい後悔する話が後を絶ちません。本書などをお読みいただき、よくよくその概要を押さえてから利用を検討する必要があります。

裁判所への報告、専門家への報酬〜なぜ手間が多いのか

希望通り親族の方が後見人に選ばれたとします。

そうすると、**預貯金の引き出し、相続手続き、施設との契約などを本人に代わって後見人となった親族ができるようになります。**

なぜ、これらの手続きの代行が可能となるのか？

それは、後見人になることで法的な財産管理権が付与されるからです。

後見人に選任されたことにともない、その権限を対外的に証明する書類が発行されます。裁判所が後見人を選任すると、選任の審判書というものを発行し、後見人となった人に交付します。加えて、東京法務局に後見人となったことが登記され、登記完了後は後見登記事項証明書を取得できるようになります。

これらの証明書を諸々の手続きをする時に提出することになるのです。

その一方で、権限が与えられた以上、後見人には様々な仕事や報告が求められます。後見人に選任されてそれで終わりではありません。本人の財産調査から始まり、各機関へ後見が開始した旨の届出、裁判所に対し管理状況の報告を

行う義務が発生します。その中でも裁判所への報告は、後見が終了する、つまり本人が亡くなるまで続きます。

裁判所への報告ですが、**後見人就任後すぐに〝就任報告書〟の提出が課されます**。就任後1カ月以内に提出するよう指示を受けます。

その後は、各裁判所の運用にもよりますが、**1年に1回の定期報告が必要**となります。通帳や施設の領収書などのコピーを提出するだけでなく、財産目録や収支予定表を作成し裁判所への報告を行うのです。

専門職が後見人である場合には、この定期報告と同時に報酬付与申請を行います。後見人に対する報酬は、あくまで裁判所が決定します。報酬の基準となるのが、管理財産額と言われる本人の預貯金などの流動資産です。

基本報酬は、月額2万円とされていますが、本人の管理財産額によって変わります。加えて、不動産の売却や遺産分割手続きを行い本人の資産形成に寄与があった場合には、基本報酬に加算される仕組みになっています。なお、親族後見人も報酬付与の申立てをすることで、報酬を受けることは可能です。

いずれにしても、後見人には大きな権限が与えられる分、様々な義務が課されることを把握しておきましょう。

一度利用したら止められない後見制度

後見制度の利用をしたいと来られた依頼者には必ず説明することがあります。それは2点です。

まず1点目は、108ページで述べたとおり「後見人には必ず希望通りの人が選ばれるわけではない」ということです。後見人として本人と何の縁もゆかりもない専門職が登場することを覚悟しなければなりません。

そして、2点目が「**一度後見人がつくと利用は止められない**」ということです。

どういうことかと言いますと、後見人が選任されれば基本的に本人が亡くなるまでずっと続くということです。途中何らかの理由で、親族が利用をやめたいと申し出ても認められません。

もちろん、本人の認知症の症状が改善し自立できるようになれば、後見を取り消すことは可能です。しかしながら、現在の医学において認知症を完全に治すことは難しいと言われています。そのため、判断能力の回復による後見の取り消しは、かなりレアケースになります。

では、後見人の方が辞めたいと思い立った場合、すぐに辞めることができるのでしょうか？　答えは、ノーです。一度後見人になると、簡単に辞任することはできません。

辞任するにあたり〝正当な事由〟というものが必要となります。その〝正当な事由〟を判断するのは裁判所であり、辞任するためには裁判所の許可が必要となります。

したがって、「報告が面倒だから」「預金を引き出す目的を果たしたから」「無事に施設に入ったから」といった理由での辞任は、まず認められないのです。

専門職が後見人についた場合にも、注意が必要です。「相性が悪い」「態度が横柄」「通帳を見せてくれない」ということがあっても、後見人の変更を求めることは難しいでしょう。横領など不法行為があれば、それは解任事由とはなりますが……。

後見人が病気になったなど〝正当な事由〟で、辞任が裁判所に認められることがあります。この場合も、後見が終了するのではなく、次の後見人が裁判所によって選任されることになります。

通常、口座凍結解除といった一定の目的のために後見を利用される方がほとんどです。しかしながら、目的を達成したからといって後見が終わるわけではないことはぜひ知っておきたいところです。

後見人ができること、できないこと

これまで、後見人になれば預貯金の出し入れができるようになるとお伝えしてきました。

ここでは、通帳管理の他に後見人ができること、逆に、後見人であってもできないことについて説明します。

後見人のできること、それはつまり後見人の仕事ということになります。

後見人の仕事は、大きく2つに分かれています。その1つが「**財産管理**」と呼ばれるものです。その代表例が、通帳管理です。他にも、家の権利書など重要な財産の保管、不動産の管理、年金の手続き、相続への対応などが挙げられます。

財産を管理するだけではなく、本人の生活に関する諸々の支払いも重要な仕事となります。病院代の支払い、公共料金の支払い、介護ヘルパーへの支払い、など本人が生活に困ることがないよう支援を行っていきます。

2つ目が、「**身上の保護**」と呼ばれるものです。本人の生活を組み立てるものであり、施設入所契約や介護契約が代表例となります。本人との定期的な面会も、この「身上の保護」に含まれます。本人はもとより、施設担当者や主治医らと定期的にコミュニケーションをとりながら、できる限り本人の意向を反映します。

その他にも、収支予定表や財産目録などを作成し家庭裁判所に報告することも後見人の仕事です。

このように後見人の仕事は、多岐に渡ります。決して単発の仕事ではないことをご理解頂けたら幸いです。

一方で、後見人であってもできないことがあります。食事や入浴の介助といった事実行為を後見人が自ら行うわけではありません。それらの行為が必要な場合は、後見人はあくまでその手配を行うことになります。

また、手術や延命治療といった医療に対する同意はできません。同じく、婚姻や離婚、養子縁組といった身分行為を代わりに行ったり、同意したりすることも認められません。

後見人ができること、できないことを把握しておくことが、制度理解への第一歩となります。

住んでいた不動産の売却は裁判所の許可が必要

前項の説明で、後見人には幅広い権限が与えられていることをご理解頂けたでしょうか？

後見人は、ある意味オールマイティーな存在と言えます。ただし、勘違いしてはいけないことがあります。それは、あくまで本人の財産を保護し生活の安定に資するようその権限があるということです。本人の人権を尊重することが、原点なのです。

ここを忘れてしまえば、本人ではなく自分の利益を優先する方向へ走ってしまう恐れがあります。

逆に言えば、認知症になってしまった本人の財産や生活を守るという大義を持ってさえいれば、本来誤った方向へは進まないはずです。

本人の意向を反映し精神的な影響への配慮から、後見人単独の判断ではできないことがあります。それが〝**居住用不動産の処分**〟と言われるものです。

居住用不動産とは、端的に言えば本人の自宅のことです。自宅というのは、本人の精神的な拠り所となるので、後見人単独の判断で処分することはできません。裁判所の許可が必要となっています。

この居住用にあたる不動産の判断については、広くとらえられています。本人が現に住んでいる自宅だけではなく、以前住んでいた住居も対象となります。また、売却の他に不動産に抵当権などの担保を設定する場合にも、同じく許可を要する対象になっています。

ここを押さえておかなければ、後見制度利用後に「そんなはずではなかった！」ということになってしまう恐れがあります。

例えば、子どもが親の土地に家を建てるケースでは注意が必要です。金融機関から融資を受けて新築する際には、建物だけではなく土地にも担保が設定されます。このときに土地の名義人である親が認知症で後見人がついていると、裁判所の許可が必要となることがあります。本人にとって不利益だととらえられると、思うように手続きが進められない可能性があります。

後見制度の主眼は、あくまで本人の財産を保護し保全することにあります。本人以外の利益のために財産を処分することは、難しい制度となっているのです。

不正の多発で制度の基盤が揺らぐ

「これはひどい……」本書執筆のため後見人による過去の不正事案を調べていて、思わずため息が出てしまいました。

特に同業者や他の専門職の事案は、どれも目を覆いたくなるものばかりです。管理している本人の財産を流用して自身の生活費や事務所経費に充てているだけではありません。知人の事業に出資したり、立候補した選挙費用として使用したり、不動産や株へ投資するなど、常軌を逸しています。

そもそも、人のお金で投資してお金を増やして何が嬉しいのかまったく理解できません。それよりも、投資に失敗し本人に損害を与えた場合に責任が取れるのか、どこまで認識していたのか問いたくなるものばかりです。

「自分の事業の補塡のため」「事務所経費に充てるため」という言い訳も、自分の経営能力のなさを自ら宣言しているようなものです。その程度で、どうして他人の財産を管理することができるのでしょうか。

不正が多いという点では、裁判所が後見人を選任するにあたって、その人間

後見人等による不正事例の被害額

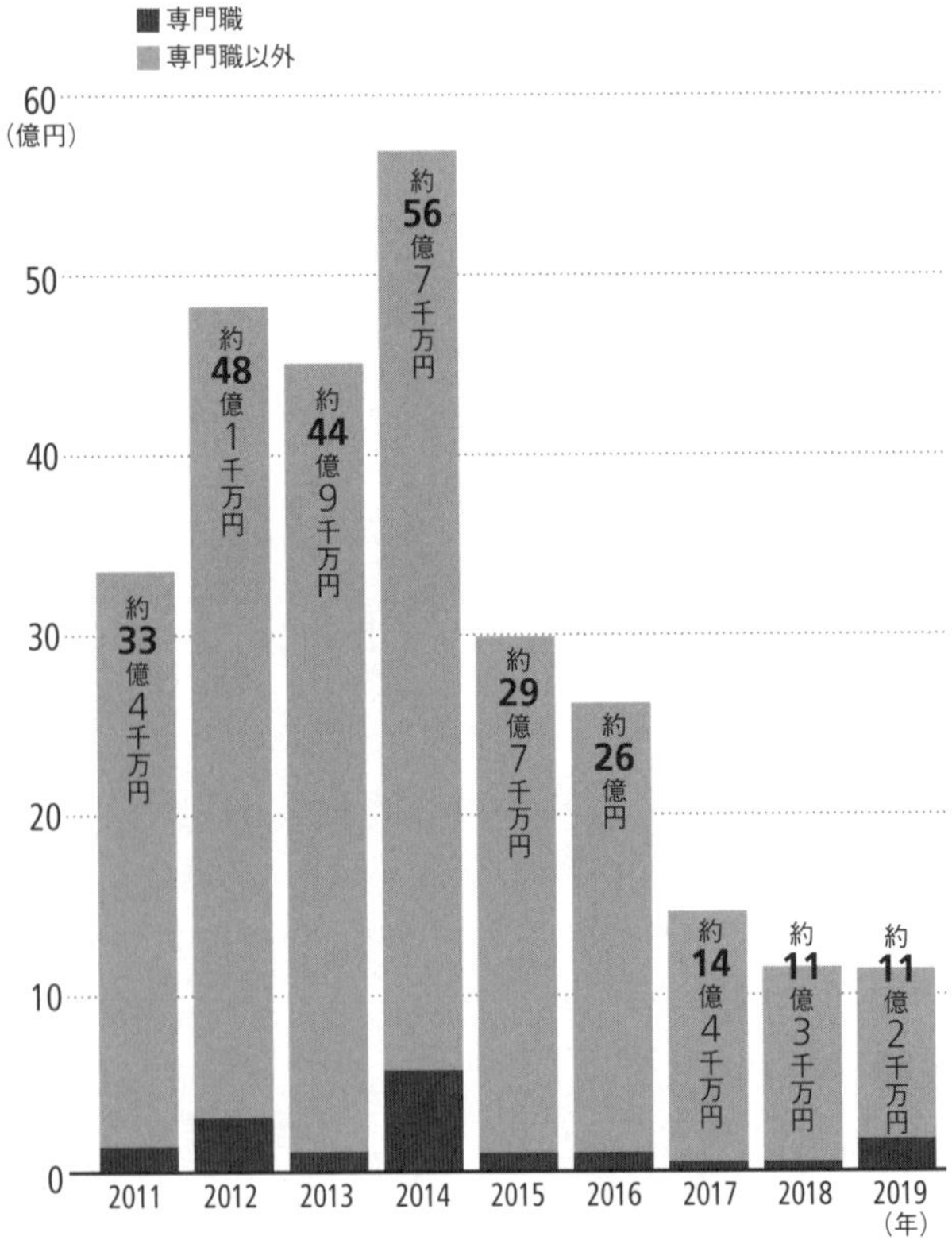

出典:最高裁判所事務総局家庭局実情調査

性や経営能力までは考慮していないことを示しています。もっともこの辺りは簡単に評価できるものではないのも事実です。専門職という理由で一定程度評価されている背景があります。

いずれにせよ、後見制度を創設するにあたって、どこまで不正防止のための対策が盛り込まれていたのか、今一度検証する必要があります。

不正については、専門職より親族後見人によるものの方が被害額は大きいとされています。２０２０年（令和2年）の被害額は、約7億9千万円で半数以上は、専門職以外によるものです。

そもそも一般市民にとって、裁判所は馴染みがないところです。裁判所と言えば、テレビドラマではないですが、判決を言い渡すところというイメージを多くの方が抱いているはずです。それにもかかわらず、親族後見人による使い込みが後を絶ちません。

監督機関である裁判所の抑止力が効いていない背景についても、再確認しなければなりません。

家族の代筆で一時しのぎをするケースも

認知症高齢者が増加しているにもかかわらず、後見制度の低調な利用状況……。認知症高齢者の総数に対し、その利用率はわずか数パーセントと言われています。

では、どうやって認知症高齢者の生活を支え、財産の管理を行っているのでしょうか。色々なケースが考えられますが、**家族が本人に代わり代筆することで対応している**ことが多いようです。

例えば、施設に入所する際は、入所に関する契約を締結します。本来であれば、入所する本人が契約内容を理解し、サインするところです。しかしながら、認知症になると判断能力が低下するため本人が確認することは難しい状況となっています。そのため、家族が代わりに説明を受け、各書類に代筆します。

実際、この方法で対応してくれる施設や病院がほとんどです。通帳と印鑑を家族が管理していれば、毎月の施設代に関する振込み口座を指定することが可能となります。

金融機関の窓口では本人確認が求められるため、基本的に本人が直接窓口に行かなくてはなりません。一方で、通帳の暗証番号を知っていればATMで引き出すことが可能です。家族間の合意があれば、必要に応じATMで引き出して支払う方法で対応することもできます。

このように、家族がいれば認知症の方をサポートすることは可能です。あえて後見制度を利用するニーズは低いと言えます。

問題は、ATMの引き出し限度額を超える多額の費用が必要になった場合です。不動産のような重要な財産を処分する場合もしかりです。これらの場合、代筆では対応できないケースになります。

このような場合に備え、事前に対策を取っておくのか。それとも、後見制度を利用するのか。これから先、あなたやあなたの家族の判断が求められるようになります。

「本人の希望」をどこまで後見人が担保できるのか

自己決定権の尊重、残存能力の活用、ノーマライゼーション。これらの理念を掲げ、後見制度は出発しています。

したがって、後見人には本人の意思を尊重しながら、その仕事を行っていくことが求められます。そのため、本人の財産や生活状況を把握するのはもちろんのこと、その人柄をよく知ることが不可欠となります。

とはいえ、言うは易く行うは難しです。本人は判断能力が低下している状態です。本人の意思を確認したり、上手くコミュニケーションを取ったりすることは容易なことではありません。

中には、後見人に対して反発する方もおられます。後見人が通帳を預かることで、後見人がお金を取ってしまっていると誤解してしまうのです。認知症の症状の1つである物盗られ妄想が出てしまうことがあります。

しかし、歳を取ると誰しもお金が拠り所となるのは、ある意味仕方ないことです。その時に、その方が信頼する親族や施設スタッフを巻き込みながら上手に説明できるかどうか、まさに後見人の手腕が試されます。

認知症になると短期記憶障害を発症し、昨日話した内容を覚えていないことも多々あります。そんな中でも、過去のことはよく覚えており、同じことを何度も繰り返し話されます。その際は、本人の言うことを否定せずに話をしっかりと聴く姿勢が重要となります。

繰り返しにみえる会話においても、〝自宅は残しておきたい〟〝今の施設で満足している〟〝お墓のことが気になる〟など本人の本心を垣間見る瞬間がありま す。

やはり、後見人の資質として、粘り強さや包容力が求められます。

なお、裁判所が親族以外の後見人を選任した場合は、本人のことをまったく知らないゼロからのスタートとなります。専門職が後見人になった場合は、これまで本人に関わってきたいわゆるキーパーソンから、本人に関する情報収集を行うことが有意義となります。

もし本人にも面会しない、本人を取り巻く関係者とも連携を取ろうとしないスタイルの後見人がいたら、それこそ大きな不信を買うことになるのです。

後見人を監督する後見監督人の存在

後見制度は、一般の方にとって複雑怪奇と言ってもいいかもしれません。

後見人は、判断能力の低下した方の財産を預かり管理していきます。ところが、後見人が適正に財産管理を行っているかを本人が自らチェックすることは難しいです。そのため、後見人を選任した家庭裁判所が監督する仕組みとなっています。

それだけではなく親族が後見人になったケースでは、後見監督人という人が併せて選任されることがあります。監督機関は家庭裁判所であるはずなのに、後見監督人付き後見人とはいったいどういうことなのでしょうか。

実は、家庭裁判所は、職権により後見監督人を選任できるようになっています。

親族が後見人になる場合で、財産が多い、親族間の意見に対立がある、不動産の売買といった重要な財産の処分があるときに、後見監督人が選任されることが多いとされています。

後見監督人がつくと後見人は、その監督人によって監督を受けることになります。そして、後見監督人の監督をさらに家庭裁判所が行うこととなっています。

後見人と後見監督人そして家庭裁判所、この3者の関係性をお分かり頂けたでしょうか？　どこがどう誰を監督するのか、一般の方から見てなかなか理解するのが難しいようです。

中には、後見人に選任され意気揚々としているところに、よく分からない後見監督人がついたと立腹される方もおられます。〝何も悪いことはしていないのに、何で他人から監督されないといけないのか〟と、自分が信用されていないのではとショックを受けてしまうのです。

そもそも後見監督人というネーミングそのものも、考えものです。一般の方が身構えてしまう要因になっているように思います。実際のところ後見監督人

成年後見監督人等が選任された事件数

認容で終局した後見開始、保佐開始及び補助開始事件（34,520件）のうち、成年後見監督人等（成年後見監督人、保佐監督人及び補助監督人）が選任されたものは1,138件であり、全体の約3.3%（前年は約3.2%）である。

成年後見監督人等が選任された件数とその内訳は次のとおりである。

件数（合計）	1,138件	（前年1,054件）

〈件数の内訳〉

弁護士	503件	（前年458件）
司法書士	490件	（前年462件）
社会福祉士	10件	（前年9件）
社会福祉協議会	102件	（前年100件）
税理士	3件	（前年0件）
その他	30件	（前年25件）

出典：最高裁判所事務総局家庭局　成年後見関係事件の概況　令和2年1月～12月

というのは、親族後見人を監督するだけではなく、後見業務をサポートする面もあります。もっとマシな名称にできなかったのか、疑問が残ります。

この後見監督人ですが、弁護士や司法書士といった専門家が選任されます。専門家がなるということは、そこには当然費用が発生し、その費用は本人が負担することになります。

後見監督人の役割や報酬が発生することについては、前もって親族の方の理解を得ることが何より重要なのです。

後見制度支援信託、それって何

後見制度を分かりにくくしているのは、先程の後見監督人だけではありません。

後見制度を利用しようとすると、後見制度支援信託を設定するかどうか検討を求められることがあります。

後見の話をしているのに、〝今度は信託って何?〟というのが、実際のところではないでしょうか？

本来、後見人には包括代理権といって、財産全般を管理する権限が与えられています。民法という法律で明確にそのことが定められています。

ところが、後見制度が開始した後、使い込みなどの不正が多発しました。不正防止の対策が急務となったために、後見制度支援信託が導入された経緯があります。

この制度は、**日常的な支払いに必要な金銭を残し、それ以外のお金はすべて信託銀行に開設した本人口座に移管してしまう**というものです。信託銀行に預けてしまうと、家庭裁判所が発行する〝指示書〟がなければ、お金を下ろすことができなくなります。せっかく、後見人になり口座凍結が解消されたと思った矢先、何とまたロックされてしまうのです。

さらにややこしいのが、信託の利用方法です。実際に信託を実行するかどうかは、専門職が判断することになります。ということは、ここでもやはり専門職が親族とともに後見人になることになります。その専門職後見人が信託が必要であると判断すれば、信託銀行と信託契約を締結し、口座への移管を行います。

信託が完了すると、専門職は基本的に任務終了となり後見人を外れます。しかし、このとき、これまでかかった専門職後見人に対する報酬が発生します。本人口座から支出することになり、親族にとっては思わぬ出費となってしまいます。

不正防止対策とはいえ、なぜこのような一般の方にとって馴染みのない制度を採用したのか、素直に喜ぶことはできません。後見制度を理解するだけでも大変なのに、信託のスキームまで取り入れたことにより、理解が遠のく一方です。ますます市民のための制度から外れてしまっているように感じます。

国民主権の国において、裁判所から指示書を出されたり、一時的に専門家をつけられたり、どこまで国民を信用していないのか理解に苦しみます。

後見制度支援信託の仕組み（イメージ図）

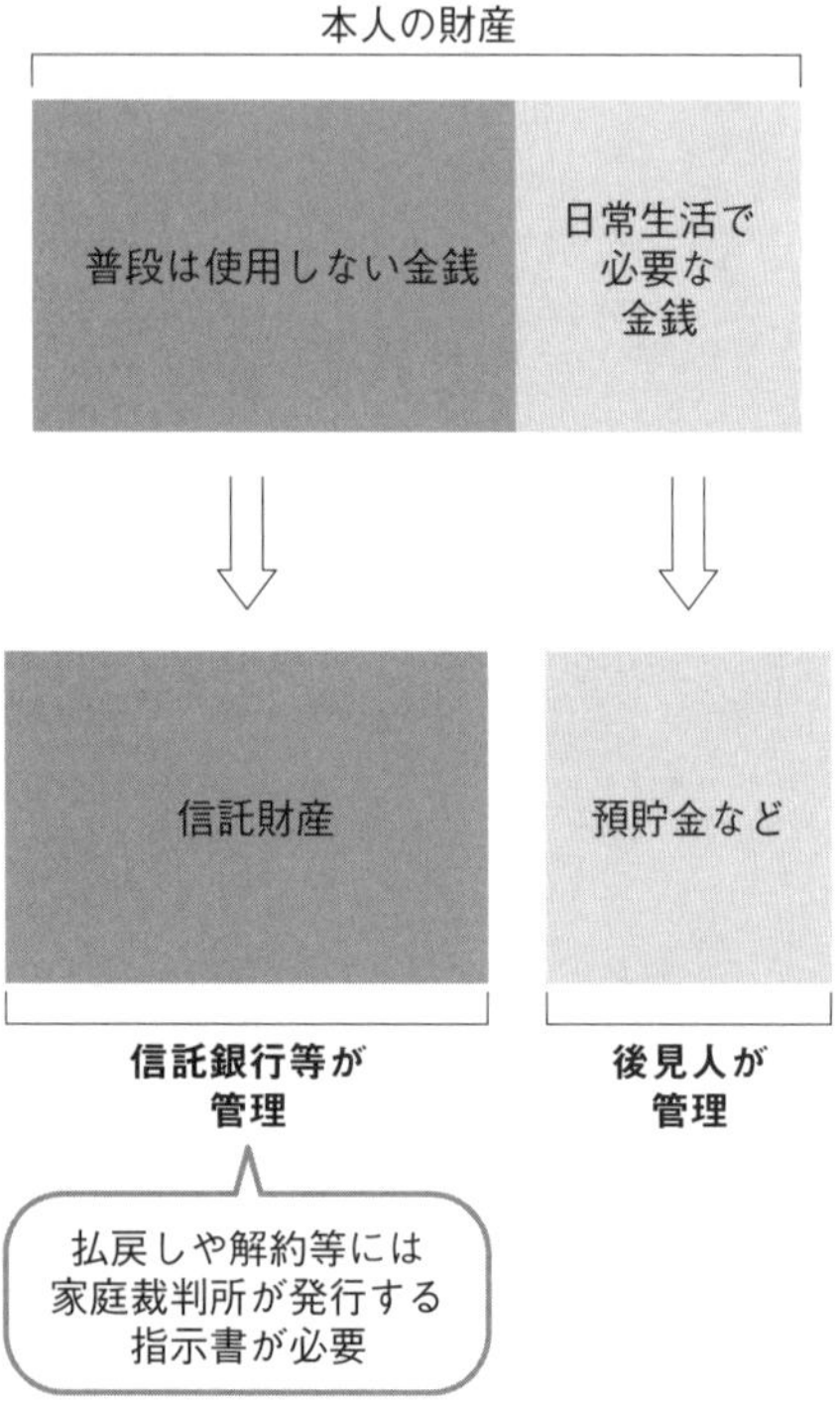

死後事務には対応できない後見人

後見人の仕事は、いつ終了となるのでしょうか？

本人が死亡すると、後見人による財産管理の必要性がなくなるので、その時が任務終了となります。終了ということは、後見人の権限が消滅することを意味します。

終了後は、財産の引き継ぎに向けて清算事務が残るのみとなります。具体的には、家庭裁判所に対して死亡届や最後の報告書を提出します。その他、後見登記の閉鎖、相続人に対する財産の引き継ぎを行います。

このように、本人が死亡すると清算事務が中心となります。したがって、葬儀の手配をしたり、納骨を行ったりすることは後見人の仕事とはならないのです。

といっても、本人に身寄りがなかったり、親族が関係を断っていたりすることもあります。そういったケースでは、やむを得ず後見人が葬儀等を執り行うことになります。しかし、そのような場合でも、家庭裁判所の判断を仰ぎながら慎重に行うことになります。

ましで、死後の相続手続きに、後見人が関与することはできません。これまで財産を管理していたからといって、預貯金を解約したり、不動産の名義変更を行う立場ではないのです。

もし、相続人としては、引き続き後見人だった専門職に対応をお願いしたいということであれば、新たに相続手続きの依頼をする必要があります。引き受けるかどうかは後見人だった専門職の判断になります。

後見終了後は、残った財産を本人の相続人に引き継ぐことを想定しています。ところが、相続人が1人もいないケースもあります。そのような事情があるときは、後見人として対応することができないので、別の財産管理人を選任することになります。それが、**相続財産管理人**と言われる人です。後見人は、財産を預かっている利害関係人として、相続財産管理人の選任を申し立てることができるようになっています。

本人が死亡した際には、後見人と親族との間で、意思疎通に齟齬が生じることがあります。

親族はすぐに財産を受け取れると思っていたが、後見人としては事務処理の都合上すぐに渡せないケースです。

そのようなことがないよう、本人死亡後の後見人の権限については、親族の理解を得ておく必要があります。

専門家も負担が大きい時間、会費、親族間のトラブル

この章の最後に、後見人に就任した専門家の心の叫びを少し述べて終わりにします。

同業者（司法書士）の中には、あえて後見の仕事をしないというスタンスの方もいます。理由としては色々ありますが、手間と時間がかかるということがやはり大きいようです。

また、報酬に見合わないという声も一部であります。

確かに、一度後見人になると、本人が亡くなるまで続いていきます。若くし

て認知症になられた方の後見人になれば、この先何十年と本人と向き合うことになるのです。

後見人は、財産管理にとどまらず本人の生活全般をサポートします。そのため、病院や施設から呼ばれることもしょっちゅうです。あらかじめ予定に入っていれば支障はありませんが、他の業務と被ってしまうと調整に苦慮します。

以前、筆者が担当している依頼者がむしゃくしゃしたのか、入所している施設のエレベーター内に傷をつけたことがありました。すぐに施設長から呼び出しを受け、本人の代わりに大目玉を食らったことがあります……。

お寺や葬儀のことに対応することもあります。本人が檀家になっているお寺に事情を説明しに行ったり、家の中にあったご位牌を納めに行ったりすることもあります。

本人が亡くなった場合は、後見人の仕事は清算事務を除いて終了となります。しかし対応する親族がいない場合には、後見人自ら葬儀や納骨の段取りを行うことがあります。

一方で、家族がいても本人の財産が使い込まれるなどして、本人を家族から守る立場になることもあります。この場合は、家族間の対立という渦中に身を投じることになります。本人の財産を管理する者として、親族から根拠のないお金を要求されることも珍しくありません。

専門職の報酬については、週刊誌等ではまるで法外な報酬を取っているかのように報じている節があります。しかし、報酬を決めているのは裁判所です。後見人就任の1年後に報酬付与されるので、基本的に後払いとなっています。

司法書士の場合は、公益社団法人成年後見センター・リーガルサポートという団体に登録します。そこでは、定額会費だけではなく、個別に報酬を受け取った際にも5％の定率会費を支払うこととされています。生活保護の方などほとんど報酬が出ない際にも対象となります。理不尽な側面は否めません。

また、定期的な報告を裁判所に対して行うばかりでなく、リーガルサポートに対しても年2回行うことになっています。適正な業務執行を担保するためとはいえ、最近は通帳の写しまで毎回提出するように求められています。日々の業務に加え、ますます事務負担が増えるばかりとなっています。

第4章

準備をしないのが最大のリスク
～財産漂流させないための10の対策

対策1 資産運用も体が資本　健康寿命を延ばそう

これまで築いた大切な財産を漂流させないようにするため、まずはあなたや家族の健康を見直しましょう。

財産の話をしてきたのに、〝なぜ健康？〟と思われた方もいらっしゃるかもしれません。

しかし、財産漂流は、これまで元気だった方の判断能力が低下したことにより直面するものです。体調悪化に伴い、資産を管理したり処分したりすることができなくなり、財産が宙に浮いてしまうのです。

第2章でもお伝えしたように、注目すべきは平均寿命ではなく健康寿命となります。健康寿命を延ばす努力が、財産を守ることにつながります。

健康寿命を超えたからといって、当然のことながら直ちに認知症になるわけではありません。ただ、段階として介護を受けることが多くなるため、デイサービスやリハビリなどに割く時間が必然的に多くなっていきます。

このことは、資産管理に回す余力が減ってしまうことを意味します。**健康問題が中心となり、財産のことまで気が回らなくなってしまうリスク**が顕在化します。そうして、知らず知らずのうちに自分の財産が、自分の手から離れていってしまうのです。

身体的な介護が必要となった後、それだけでなく認知症を発症してしまうという過程が一つ考えられます。そうなると、財産の管理能力や契約能力が低下し、場合によっては喪失してしまう恐れがあるのです。より一層資産に手をつけられなくなる事態が生じます。

その一方で、年齢を重ねても健康であれば、自分の判断ですべてのことを決めることができます。90歳であっても100歳であっても、本人の意思確認さえできれば契約等の法律行為を行うことは十分可能です。

元気であれば、契約に限らず遺言を作成し資産が分散しないよう対策を打つことができます。後で述べる任意後見契約や信託契約といった財産を守るすべを使うことも可能です。

財産の消滅を心配する前に、大前提として身体の健康のために何ができるかを考えましょう。食事、運動などの生活習慣を色々な角度から見直し改善できるはずです。

健康の源は何なのか、財産問題の一環として今一度考えてみましょう。実際、脳梗塞といった血管の病気により、認知症を発症することがあります。生活を改善したから絶対にならないものではありませんが、体内の血流をよくするためにできることはあるはずです。例えば、減塩したり運動をしたりと生活習慣を修正することは日々の心がけ次第と言えます。

これまで述べたように、身体と心は表裏一体です。体力と気力は連動しています。どちらかが低下してしまえば、財産への関心が薄くなってしまう恐れがあります。このことは、出来得る限り避けなければなりません。

財産を消滅させないためには、やはり健康第一なのです。

対策2　5年後 自分はどうなっていたいかを逆算する

体が資本といきなり言われても、日々の生活や仕事に追われていると健康の見直しは後回しになってしまうものです。

誰もが、少なからず健康には注意しているはずです。ところが、余程意志が強くない限りせっかくの試みも中途半端なものになることがあります。

友人と朝ウォーキングをしていたが途中で挫折してしまった。スポーツクラブに入会したが、会費を支払うだけとなっている。お酒を控えていたがコロナ禍での自粛生活により家で晩酌することが多くなった。などなど健康でいたい気持ちはあっても、なかなか持続できないのが人間というものです。

決めたことが続かないからといって、そこで自分自身や家族を責めてはいけません。何事も工夫次第であり、持続のための方法を探す方が賢明です。健康のためとやっている以上、前向きなエネルギーを生み出すことに力を注ぎたいところです。

摂生し運動を続けるために有効な主な方法としては、〝**習慣化すること**〟あるいは〝**目標設定すること**〟が考えられます。

ここでは、目標設定の視点から、対策を練ることにします。筆者も実践している〝5年後の自分への引き継ぎ作戦〟について少しお話しします。

人は目標を設定することにより、モチベーションを維持することができるようになります。ただ、目標を定める期間がなかなか難しいです。短すぎては、長期的視点に欠けてしまいます。長すぎては、間延びしてしまう可能性があります。

そこで、本書においては**5年を目途に人生の目標を定める**ことを提案します。

というのも、今のあなたは5年前のあなたがつくったととらえることができるからです。5年前であれば、そのとき何をしていて、どういう生活をしていたのか、ある程度思い出すことができるのではないでしょうか。それこそ、5年前に不規則な生活をしていれば、今現在体調に支障をきたしているかもしれません。

どんなに後悔しても、過去を変えることはできません。しかし、今の状況、そして5年後の自分を変えることは可能です。

5年後、あなたはどうなっていたいでしょうか？　理想のイメージを思い浮かべてみましょう。理想のイメージを抱きながら、具体的な目標を設定します。5年後も介護を受けずに暮らしている。5年後も元気に働いている。自分の名前は書けるようにしておく。など健康を維持するための目標について設定します。

次に、5年後には子どもに資産運用を任せる……。銀行口座を今の半分にする。後見人の候補者を決める。といった財産的な視点からも忘れずに設定しておきましょう。

目標は漠然としたものではなく、より具体的なものがよいです。そして、たくさん設定してもよいですが、その中には必ず実現できるものも入れましょう。その積み重ねが大きな自信につながります。

目標を設定することができたら、リストを作るなどしていつも目に見えるところに置いておきましょう。きっと、5年後の自分へのプレゼントとなるはずです。
5年後 あなたはどうなっていたいのか！ これを決めることで、初めて今やるべきことが明確になるのです。

対策3 自分の財産と推定相続人を正確に把握しておく

財産消滅に陥らないために、あなたの財産を正確に把握しておくことが大切です。

今の段階ですでに財産を把握できていない状態だとしたら、財産漂流の入口に差し掛かっている可能性があるので注意が必要です。

自分の財産のことなので、ある程度アバウトな管理でも構わないと思われるかもしれません。ところが、それでは認知症により自己管理ができなくなったときが大変です。しかも大変なのは、言うまでもなくあなたの家族や周りの関係者です。

周りの人は、認知症になった本人の財産はどこにあり、どういった状態になっているのか、事前に本人から聞いていなければすぐには分かりません。本人から直接確認することができないとなると、それこそ一から調べなければなりません。財産に関連する機関へ問い合わせるなどの対応に追われ、精神的負担は増大するでしょう。

それを防ぐためにも、**自分が所有する資産関係をまとめた「財産目録」は少なくとも作成しておきたい**ものです。財産には、プラスのものだけではなくマイナスのものもあります。プラスの財産としては、預貯金、不動産、株、貴金属などがあります。一方、マイナスの財産は、ローンなどの借金、買掛金、未払いの税金などです。プラスの財産だけではなく、マイナスの財産についてもしっかり洗い出しておきましょう。

そして、これらを表にするなどして、「財産目録」としてまとめておくことが有益です。財産の種類から、取り扱い機関についてもメモしておきましょう。

どこの銀行に口座があるのか、ローンは残っているのか、残っているのなら取引の窓口はどこか、公租公課といった税金はちゃんと払えているのか……。といったふうに一つ一つチェックし記録に残しておく必要があります。加えて、ローンの支払い計画書や不動産の登記簿謄本といった資料を「財産目録」と一緒にしておけば、財産の把握により一層役立ちます。

いざという時に管理を家族にスムーズに移行できるよう、早い段階でリストアップしておくのです。もちろん、自分自身が遺言を作成したりする際にもそれらを活用できます。

正確に把握しておきたいのは、財産だけではありません。相続関係も正確に把握しておかなければなりません。そうしないと、相続のときに財産が漂流してしまいます。

思いもよらない相続人が出てくるのが、相続です。予期せぬ相続人の出現により、財産の継承を巡ってトラブルになったり、財産が分散したりしてしまうリスクが潜んでいます。

特に、再婚している場合や子どもがいない場合には、自分を取り巻く推定相続人を丁寧に押さえておきましょう。再婚だと、最初の結婚の時の子どもと再婚でできた子どもとが、同じ相続人となります。子どもがいない方は、夫婦だけが相続人になるわけではありません。甥や姪まで相続人となることが有り得ます。縁がないと考えていた相続人や、顔を見たこともない相続人が出現することが、相続では起こるのです。

そうならないためにも、**事前に戸籍を確認するなどして、推定相続人を正確に把握しておくことが重要**です。

対策を取るにあたって、方向性を誤らないようにしたいものです。そのためにも、財産と推定相続人を正確に把握することは避けて通れないのです。

対策4　成年後見制度の失敗事例ではなく成功事例を知る

成年後見制度については、第３章で解説しました。

成年後見制度は、これまで述べたように認知症対策の最後の砦とされていま す。本人の認知症が進行してしまえば、財産が凍結されてしまう恐れがありま す。本人はすでに判断能力が低下しているので、取り得る対策は家庭裁判所に よる後見人の選任となります。

ところが、この制度ですが、繰り返しになりますが評判がすこぶる芳しくあ りません。メディアでも取り上げられていますが、その内容は制度を批判する ものが目立ちます。また、専門家の間ですら、利用は避けようとの意見がある くらいです。

そんな後見制度ですが、時に強力な威力を発揮するのもまた事実です。

特に、独り身の方や家族がいても何らかの事情があって頼れない方にとって は、大変有効な制度であることは是非とも知ってほしい点です。

このような方々は、認知症が進んでしまった場合、代わりに財産管理ができ る人がいない状態に陥ってしまいます。本人が動かせない、他に動かせる人も いない、完全に財産が宙に浮いてしまうのです。財産が凍結されるだけにとどまらず、生活環境が乱れ健康が阻害されてしまう事態にまで発展してしまうことすらあります。

中には、本人の関係者、つまり遠い親戚であったりケアマネージャーらが一時的に対応することもあります。しかし、それも早晩行き詰まります。

親族が親身になってお世話していても、自身やその家族の家庭環境で課題を抱えてしまえば、本人サポートどころではなくなります。ケアマネージャーら福祉担当者らも、財産管理は本来の業務ではないので、スポット的対応では限界となります。

そのような時、成年後見制度の利用が選択肢となります。この制度を利用すれば、家庭裁判所が成年後見人を選任してくれます。それも、〝必ず〟です。たとえ本人に頼れる人がいなくても、今後の生活のために後見人という代理人を立ててくれます。選任は家庭裁判所という司法機関が行うので、法に則った手続きなのも心強いです。

そして、後見人は一時的なものではなく、本人の判断能力が回復するまでサポートを行います。回復が難しければ、本人が亡くなるまで関わり続けてくれます。この意義はとても大きいのではないでしょうか。事情が分かる人がずっとサポートを続け、財産管理はもちろん本人の生活を組み立てることに寄与するのです。

筆者も、これまで独り身の方の後見人を数多く担ってきました。旦那さんが亡くなった上に寝たきりとなった方。マンションでの一人暮らし生活から施設入所が必要となった方、若くして精神障がいを抱えてしまった方。など、最初はどれも財産が消滅状態となっていました。本人に関与する人も少なく、社会的に孤立した状態でした。

しかし、本人の後見人に選任されてからは、銀行口座の管理を代行し生活に必要な各種支払いを行うことが可能となりました。また、施設入所に伴い、自宅の売却を行うこともありました。様々な課題がその都度出てきましたが、後見制度を利用したからこそ解決できたと感じています。

世間一般が言うように安易な利用は避けるべきです。しかし、**然るべきとき**

は後見制度の利用を躊躇する必要はないと思います。利用する際は、後見業務に詳しい専門家に相談しながら進めることが何より望ましいです。

対策5 子どもに頼れるか夫婦で話し合う

子どもがいれば、何かあれば子どもに頼ればいいと考えるのも自然なことかもしれません。ところが、話はそう単純ではありません。

そもそも、子どもに頼れない事情は意外と多くあります。

遠方にいてすぐに実家に戻って来ることができない。親子関係が上手くいっていない。子どもの1人が財産を狙っている。といったように、家族によって様々な事情があります。

最近では、自分たちのことで子どもに負担をかけたくないという意見も見受けられます。子どもの方が先に逝ってしまっているケースも珍しくありません。

そういった家族の事情を踏まえながら、子どもにどこまで頼れるのか、夫婦でまずはよく話し合うことが大切です。

話し合いで子どもにある程度任せると判断した場合は、準備と情報共有が必要となります。任された方も、何の準備もなされていなければ、いざという時に戸惑うことになりかねません。

準備としては、157ページで出てきたような財産目録などを作成し、子どもに資産状況を把握してもらいます。どこの銀行に口座があって、不動産の管理状況はどうなっているのか、保険はどこに入っているのか、といったようなことを子どもにも知ってもらうとよいでしょう。そうやって、情報共有するとスムーズな承継を図れます。

子どもの意見を聴いたり取り入れたりすることも、重要です。彼らも色々な制度を調べていたりすることがあるので、有益な情報を持っていることも考えられます。子どもに当事者意識が芽生えれば、より頼りになるはずです。

とはいえ、子どもといえど、財産のすべてを開示したくないという思いもあるはずです。他の子どものことを考えると、気兼ねすることもあるでしょう。

その場合は、生活費の支出があるものや、年金が入る口座だけを伝える方法を取ります。

「入院したり何かあったときはこの口座から出して」と指定した通帳を預けておけば、子どもが混乱せずに済みます。保管場所を伝えておく方法もあります。キャッシュカードを渡したり、暗証番号を伝えることも検討しましょう。いざという時に使えない事態は、避けたいところです。

相続の際に他の兄弟に使い込んだと疑われないよう、出納帳をつけたり領収書を保管しておくことが重要です。

一方、子どものいない夫婦の場合だと、パートナーに任せれば安心だと考えてしまいます。実は、この考えは資産管理の観点からは危険です。

なぜなら、夫婦であってもいずれは１人になるからです。自分やパートナーが１人になった時の資産管理のことまで見据えておかないと、では次は誰が面倒をみるのかとなってしまいます。１人になったときに、財産が漂流してしまう可能性が潜んでいます。

自身やパートナーが1人になったときのことまで、見据えておかなければなりません。

認知症になり資産が凍結されてしまったときのことや相続が発生したときのことをしっかりシミュレーションしておきましょう。

想定外の事態で慌てないために、元気な内にできることを行っていくことが何より大切です。

対策6 あらかじめ後見人を自分で指定しておく

第3章では、後見制度を利用するとまったく面識のない人が後見人となる可能性があることをお伝えしました。

後見制度には、2つの制度があります。1つはすでにお伝えしている家庭裁判所に後見人選任の申立てを行い、後見人を選んでもらう方法です。これを、法定後見と言います。

法定後見では、本人と後見人、まして親族と後見人との相性までは考慮されません。したがって、最初から折り合いがよくなかったりすると、その後も上手く信頼関係を築けないまま進んでしまうことが懸念されます。

何より、法定後見を利用する段階においては、本人の認知症が進行しています。したがって、お願いしたい自分の希望を具体的に後見人に伝えることが難しいと予想されます。

そこで、これらの懸念を回避するためのもう1つの制度を知っておきましょう。それが、あらかじめ後見人を指定しておく方法です。**法定後見に対し、任意後見と呼ばれる制度**です。文字通り任意に、自分の意思で後見人を設定しておく制度です。

後見人というのは、認知症を発症したときなどに自分の代わりに動いてもらう方になります。したがって、任意後見を利用していれば、事前に後見人を自分ですでに決めていますので、いざ必要となった際にすぐにサポートに入ってもらうことができます。

任意後見人を選ぶのは、法定後見と違い家庭裁判所ではありません。あくまで自分自身です。そのため、自分が元気な内に後見人を選んでおくことを想定しています。

後見人として選ぶ相手ですが、その資格に特に制限はありません。親族に依頼することも、もちろん可能です。もし普段から自分の面倒をみてくれている親族がいれば、その方をそのまま任意後見人として指定しておく方法が考えられます。ただ、親族の場合、注意が必要なことがあります。

親族から選ぶ場合は極力、子どもや甥・姪など若い世代の方がよいでしょう。任意後見は通常はすぐに始まるわけではありません。そのため、同世代の方を選んでしまうと、いざ利用しようとした際に、相手も思うように動けなくなっている可能性も否定できません。

頼める親族がいない場合もあるかと思います。しかし、心配する必要はありません。その場合は、弁護士や司法書士などの専門職に依頼する方法を取ることができます。ただし、依頼する際は、慎重に決めた方がよいです。将来的に財産を預ける可能性があるので、見知った人の方が安心できます。普段から何かと相談している、過去に依頼して人柄がよかったなど信頼できる人を選ぶ必要があります。

知り合いの専門職がいなければ、各団体の相談窓口に問い合わせる方法もあります。

親族であれ専門職であれ、頼める人が見つかればまずは相手の同意を得ましょう。相手が大丈夫であるなら、次のステップに進みます。依頼する内容を話し合い、契約書に落とし込みます。これが任意後見契約書と呼ばれるものです。

この契約書は、公証役場で締結し公正証書にしなければなりません。人生に関わるとても重要な契約なので、そのように規定されています。相手が弁護士や司法書士であっても、必ず公証役場での作成が必須となります。

任意後見契約書を作成する時には、「後見人を誰にお願いするか」だけではなく、「何をお願いするのか」まで決めていきます。口座凍結が心配であれば、金融機関の取引に関することを頼んでおきます。同じように、証券会社に取引があるなら、証券会社との取引のことを頼みます。

その他にも、不動産を所有していて、将来施設に入る際は売却してその資金に充ててほしい場合は、不動産の売却に関することも盛り込みます。それに合わせ、施設との契約代行についても入れておいた方がよいでしょう。

このように、自分の将来設計を描きながら、契約書を作成していきます。自分自身の人生について見つめ直すきっかけになるはずです。

任意後見はあくまで将来の認知症に対する備えです。法定後見と違い、すぐに後見人が財産管理を始めるわけではありません。したがって、専門家に依頼した場合でも、実際に動いてもらうときになってから月々の費用が発生することになります。

自分の人生を自分で決める上で、任意後見は検討に値する制度ではないでしょうか。

対策7　地域包括支援センターを活用する

法定後見の窓口は、家庭裁判所となっています。しかし、いきなり家庭裁判所に相談するというのは、気が引けると思います。同様に、弁護士や司法書士といった法律家には、気軽に相談できないと感じる方も多いようです。知り合いの弁護士や司法書士がいなければ、どこへ相談に行ったらよいか悩まれる方もいらっしゃいます。

そこで、相談窓口として知っておいてほしい機関があります。それが「地域包括支援センター」と呼ばれるところです。実は、**各市区町村には地域包括支援センターという機関が設置されています。**介護の現場などでは、「包括」と略称で呼ばれています。

この包括ですが、高齢者の暮らしを地域でサポートするための拠点として、2006年（平成18年）の改正介護保険法の施行に伴い設けられました。

包括では地域の高齢者を支えるために、次の4つの事業を主に行っています。

1．介護予防ケアマネジメント

介護認定の審査で「要支援1・2」の認定を受けた高齢者に対する介護予防ケアプランの作成等を行う。

2．総合相談支援

高齢者の生活上の困りごとについて総合的に相談に乗ってくれる。相談内容に応じて必要なサービスや制度を紹介する。

3．権利擁護

高齢者に対する詐欺や悪質商法などの消費者被害への対応。他にも、高齢者虐待被害への対応、早期発見、防止など、高齢者の権利と財産を守るための取り組み。

4．包括的・継続的ケアマネジメント支援

医療、保健、介護などの地域内にある様々な社会資源を活用し、適切なサービスを受けられるよう案内。また、地域住民から各分野の専門家までの幅広いネットワークを作り、高齢者を支えるためのサポート体制を整える。

このように包括は、その名称のとおり高齢者の様々な課題に対応する地域密着型の相談窓口となっています。まさに地域のよろず相談所であり、高齢者支援のための駆け込み寺なのです。

事業内容でも明らかなように、高齢者の財産を巡る問題についても、相談に乗ってもらうことができます。また、医療や介護の他に、権利擁護に関する相談窓口として活用することもできます。成年後見制度の概要を聞きたい、実際に利用したいというときには相談先としてぜひ利用したいところです。

包括には、保健師、社会福祉士、主任ケアマネージャーまたはこれらに準ずる方が所属しています。医療機関、介護保険施設、民生委員、消費生活センター、専門家団体などと広く連携し、情報共有しています。福祉的な支援を含め高齢者の生活をトータル的にサポートすることが期待されます。

包括で有益な情報を得てから、対策を取るという方法も心に留めておいてください。

対策8 ケアマネージャーとの連携でいつでも相談できる体制に

認知症高齢者を巡る問題は、財産のこと以外にも多岐にわたります。医療、介護、住まい、生活支援などについても考慮する必要があるのです。しかも、それぞれが密接に関連しており、バランスよく対応することが不可欠です。

その中でカギとなるのが、**ケアマネージャーとの連携**です。

でも、後見人がいれば認知症になった本人の面倒を全面的にサポートしてくれるのでは？　と疑問を持たれた方もいらっしゃるかもしれません。

しかし、残念ながら後見人はそもそも介護のプロではありません。福祉の専門家でもありません。第3章でも述べたように、現在後見人には親族を除くと司法書士や弁護士といった法律家が多数選任されています。このことからも、後見人は法律の専門家であったとしても、介護のプロではないことは明らかです。

もちろん、最近では社会福祉士の方も多数選任されるようになっています。とはいえ、法律面や介護の面を含めすべてを担うのはあまりに負担が大き過ぎます。

介護のプロではない後見人だと、認知症高齢者への接し方などの福祉的な側面がどうしても手薄になるのは否めません。また、法律家は、後見の業務以外にも多岐にわたる業務を普段から抱えています。すべての時間を後見人に投入することは、物理的に不可能なのです。

このことは、親族が後見人になった場合も同じことが言えます。本人のことはよく理解しているでしょうが、介護の手続きとなると第三者の立場からのサポートが必要となることは言うまでもありません。もし仮に、後見人ということで1人で何もかも抱えてしまっては、後見人にとっても本人にとっても不幸な結果となります。

そこで、登場するのが介護のプロであるケアマネージャーの存在です。要介護認定を受け、介護サービスを利用するにはケアプランの作成が求められます。専門職であれ親族であれ、後見人としてケアプランの作成に携わることはできます。しかし実際のところ、介護サービスの内容は複雑であり、知識や実務経験がない中で作成することは事実上難しいです。

やはり、餅は餅屋ではないですが、役割分担を図りお互いに連携を取ることが何より重要となります。

ケアマネージャーの方は、普段から色々な施設や事業所に出入りしています。前項で出てきた地域包括支援センターなどとも連携しているので、その地域の福祉に関する情報やネットワークを持っています。そういった、知識やネットワークを活かしながら、本人の生活をサポートしていくことが有益です。

ケアマネージャーと普段から連携を取ることで、本人の現状を把握することができます。そこから、必要な対策が見えてきます。これまで介護サービスだけの利用でよかったが、認知症が進み財産管理への対策が必要になった。在宅から施設に移らなければならず、本人に合う施設を一緒に検討する。など、お互いの知識や権限を組み合わせながら体制を整えていくことが大切となります。**法律、医療、介護など各方面からのアプローチが、財産漂流を防ぐ力となるのです。**

対策9　元気な内に遺言を作成し自分の希望を記す

自分の死後に財産を漂流させないために、検討した方がよいのが遺言です。終活において必ずと言ってもいいほど取り上げられているので、関心がある方も多いのではないでしょうか。

その遺言の位置付けについては、しっかりと押さえておきたいところです。遺言はあくまで遺した方が亡くなった後にその効力が生じます。生前に作成しておいて、将来相続人らが使用していくものとなります。

では、遺言があると何がよいのでしょうか？　メリットを知れば、作成へのインセンティブとなるはずです。メリットは何と言っても、**遺産分割協議が不**

要となることです。

実は、遺産分割協議そのものが財産漂流の原因となることがあります。というのも、遺産分割協議の参加者は相続人全員となります。1人でも外してしまうと、協議が成立しないのです。協議が成立しないということは、どういうことか？　答えは、銀行口座の解約や不動産の名義変更ができないことを意味します。相続したにもかかわらず、遺った財産に手をつけられなくなってしまうのです。

その点、**遺言があれば、遺産分割協議を経ずに手続きを行うことができます。**遺言では、〝この財産は誰々に相続させる〟といったように財産を承継する人を指定したり、分配方法を定めたりします。遺言の趣旨に則って手続きを進めていくので、財産を承継する人に直接財産を移すことが可能となります。

気をつけたいのが、口頭ではダメだということです。「生前に本人は自分に遺すと言っていた」などといくら言っても、残念ながら認められません。しっかりと書面で遺しておくことが、求められるのです。

ただ、ご高齢になると書面で作成することを負担に感じる方も少なくありません。中には、闘病中であったり病気の後遺症から名前を書くのがやっとという方もおられます。そのような事情がある場合は、公正証書遺言を検討するのがよいでしょう。

公正証書遺言は、公証人が本人の希望を聞き取り筆記します。遺言は公証人が作成することになるので、内容の確認が取れれば本人は署名と押印することで事足ります。このように自分で書く必要がないので、その点は非常に負担が少ないです。

ただし、公的な書類となるので、遺言を作成する前に戸籍謄本といった身分関係の資料や不動産の登記事項証明書といった財産関係の資料を公証役場に提出しなければなりません。加えて、公証役場の作成費用も発生します。

あまり大袈裟にしたくないという方は、自筆証書遺言が合っているかもしれません。財産目録は通帳の写しやパソコンで対応できるようになりましたが、全文・日付・氏名については自書し、最後に押印しなければなりません。

第三者のチェックが入っていなければ、ミスが多いのが自筆証書遺言です。言い回しや財産の特定を巡って疑義が生じることがあります。そうすると、せっかく作成したものがかえって紛争の元となってしまうことがあるのです。

そこで、自筆証書遺言の場合は、一歩進んで法務局での遺言書保管制度を利用することを検討しましょう。法務局が遺言の保管を行っており、申請すれば誰でも保管を申し込むことができます（ただし、遺言は15歳からとされています）。

法務局での遺言書保管制度は、内容の有効性を保証するものではありません。しかしながら、遺言の形式については確認してもらえます。したがって、これまでよく見られた形式的なミスについては、事前に防ぐことが期待できます。また、法務局という公的機関が預かりますので、公正証書遺言と同様に紛失や偽造されるリスクを無くすことにもつながります。

法務局での遺言書保管ですが、初回手数料は、３９００円となっています。スムーズな資産承継のためにも活用したい制度の一つです。

対策10　最近よく耳にする家族信託の利用を検討する

この章の最後に、もう一つ具体的な対策を解説します。

第３章で触れたように成年後見制度は、様々な弊害が指摘されています。また、前項で触れた遺言は、相続で使用するものであり生前に活用することはできません。

そんな中、今注目されているのが民事信託です。**家族で資産対策を取るので、家族信託と呼ばれることが多い**です。信託銀行のように営利を目的としている「商事信託」とは区別しなければなりません。

家族信託のすごいところは、生前に財産の運用や処分まで家族ができることです。後見は保全がメインであり、かつ、第三者の管理下におかれることが多いです。これに対し、家族信託はとても柔軟に財産管理の設計ができるようになっています。

家族信託の理解にあたっては、登場人物を押さえておく必要があります。「委

託者」「受託者」「受益者」という3人の人物が登場しますので、常に3者間の関係を頭に入れておきましょう。

まず、「委託者」とは財産を預ける人のことを指します。次に、「受託者」とは財産を託される人のことを指します。最後に、「受益者」は、対象となった財産から経済的利益を受ける人を指します。この3者間で、財産管理のスキームを組んでいきます。

家族信託においては、自分の財産（「信託財産」と呼ばれます）を信頼できる家族に託して、所有者に代わりに管理してもらいます。

先程の「委託者」を父親、「受託者」を息子、「受益者」を父親とし、アパートのような収益物件を信託するイメージだと分かり易いのではないでしょうか。なお、「委託者」と「受益者」を同じ人にすることが可能ですし、第2「受益者」として、母親など次の人を設定しておく方法もあります。

このスキームを使うためには、「委託者」（例えば父親）と「受託者」（例えば息子）とで信託契約というものを交わします。そこで、どういった目的のためにどの財産を信託するのかを盛り込んでいきます。

契約が完了すれば、不動産の名義を「受託者」（例えば息子）に移します。登記を見れば、信託財産であることが分かるようになっています。「受託者」に名義が移っていますので、不動産を管理するだけではなく、委託者に代わって処分することも可能です。

不動産だけではなく、銀行に信託口座を開設すれば、委託者に代わって預貯金を管理していくことができます。

家族信託を上手く使えば、強力な認知症対策となります。「委託者」である本人が認知症になっても、すでに信託財産となっている部分については、「受託者」が管理できるようになっているからです。しかも、経済的利益は「受益者」が受けるようになっています。ここがはっきりしていれば、安心して財産を預けることができるはずです。

もっとも、本人の希望があって初めて利用可能となる点は、任意後見契約と同じです。したがって、財産を預かりたい人が一方的に利用できるものではありません。自分のいいようにできると勘違いしてしまうと、親族後見人でも稀にある使い込みにつながるリスクをはらんでいます。

やはり、対策を打つためには、元気なうちというのが大原則です。中には、「そのうちでいいよ」「誰々に任せているから大丈夫」と安易に考えている方も多数おられます。

しかしそうしている内に、いざという時に本人はおろか家族さえも動けず、財産消滅の世界に入り込んでしまうのが今の時代です。

〝思い立ったが吉日〟で対策を打っていきましょう。これに優るタイミングはありません。

黄金の解決事例編

親や家族のおカネがいざという時に使えない、など財産に関する〝お困りごと〟がますます増える現代社会。

必要な財産を動かせない事態となり、時間ばかり過ぎてしまう……。そんな現実に、当事者の精神的な負担は増すばかりです。人から聞いてはいたが、まさか自分がそういった目に遭うとは、と戸惑う方は多いのです。

待ち受ける厳しい現実の一方で、財産絡みのトラブルを未然に防ぎ、上手く財産管理や資産運用ができている方がいるのもまた事実です。共通するのが、〝元気な内に備えていたこと〟です。偏った情報に惑わされることなく、広く情報収集し最適な対策を取っていたのです。

読者の方の中にも、様々な書籍を読んだり、セミナーに参加したりするなど、情報を集めている方もいらっしゃるのではないでしょうか。情報を事前に得ることは、大切です。

しかし、最も重要なことは、その情報を基に行動に移すことができるかどうかです。ある意味、そこが大きな分かれ道となるのです。〝そういう方法もあるのね〟と知ってそれで満足するのか、はたまた〝これだけはやっておこう〟と実際の行動に落とし込むのか、この差は大きいです。

本書を締めくくるにあたり、対策が功を奏し資産を上手く守り、活用することができた成功事例を3つ挙げたいと思います。

明日は我が身かもしれません。あなたや家族の財産を守るために、参考にして頂けると幸いです。

成功事例その1
夫からの遺言 それは妻を守る最後のラブレター

坂本涼子さん（74歳、女性）は、50代のときに夫の竜太郎さんと趣味の陶芸教室で知り合い、結婚しました。

涼子さんにとっては初婚ですが、竜太郎さんの方は再婚でした。前婚において竜太郎さんには、子どもはいません。ただ、竜太郎さんは8人兄弟の6番目で兄弟はとても多い家庭でした。

竜太郎さんが会社を退職してからは、よく2人で旅行に出かけたりと、晩婚ではありましたがとても仲のよい夫婦でした。

2人の今後のことを見据え、見守りやサポートがあるところがいいだろうと、

70歳を前に自宅を売却し、有料老人ホームに移り住みました。

入所後も、施設のイベントなどに２人でよく参加していました。ただ、70歳を過ぎてから、竜太郎さんがあまり部屋から出たがらなくなりました。そのため、涼子さんが１人で行動することが次第に多くなっていきました。

その日も施設での催しに涼子さん１人で参加し、他の入所者と一緒に桜の名所に出かけました。ちょうど桜は見頃を迎え、とても美しかったので、涼子さんは夫にも見せようと携帯で写真を撮りました。

部屋に戻り「ただいまー」と声をかけましたが、夫から返事が返ってきません。探してみると、テレビ前のソファーに横になっています。寝ている夫を起こそうと呼びかけてもやはり返事はありません。

涼子さんは、起きてもらおうと竜太郎さんの体をさすりました。ところが、全く動く気配がありません。思わず「あなた」「あなた」と体を大きくゆすりましたが、すでに竜太郎さんは息を引き取っていたのです。

1週間後、葬儀や何やかんやで息つく暇もなく慌ただしく過ごした涼子さんは、ようやく部屋で1人になることができました。まさか、急にこんなことになるとは思いもしませんでした。

これから遺品整理や財産のことをしていかなければなりません。この1週間でかなり疲労が溜まったので、その辺のことは少し間をおいてから手をつけようと考えていました。

大事な物だけは今の内に分けておこうと、涼子さんはふと夫の書棚に目をやりました。竜太郎さんは読書家で書棚にはたくさんの本があります。財布やカギなど大事なものは、普段から書棚の本の前に置く習慣がありました。

書棚の前に立つと、本と本の間に手紙のようなものが差し込まれているのが目に留まりました。不自然に封筒の一部が出ているので、涼子さんは思わず取り出してみました。すると、表書きには、〝遺言書〟と書かれていました。

涼子さんは、はっとしました。封がされていなかったので、恐る恐る中身を取り出しました。読んでみると、〝すべての財産を妻 涼子に相続させる〟と、書いてあったのです。

　竜太郎さんとは再婚ということもあり、涼子さんは夫に財産のことを詳しく聞くことはありませんでした。竜太郎さんも、どちらかというと自分の財産については関心が薄いように感じていました。

　しかし、竜太郎さんは、もしも自分が先に逝ってしまった後のことをちゃんと考えていたのです。遺言の最後には〝涼子　愛しています。これまで　ありがとう〟と直筆で書かれていました。涼子さんは、言葉を失いその場で泣き崩れました。


　その後、涼子さんは竜太郎さんが遺した遺言を基に、遺産相続の手続きを行うことができました。その時依頼した司法書士からは、「旦那様はご兄弟がとても多いので、もし遺言がなければ甥や姪を含め1人1人確認を取らなければなりませんでしたよ」と言われました。涼子さんは、竜太郎さんの愛情を感じずにはいられませんでした。

夫が遺言を遺してくれたお陰で、金融機関では滞りなく手続きを行うことができました。

準備の大切さを身をもって知った涼子さんは、夫の遺した財産を大切にするため自分もできることはやろうと心に誓いました。

涼子さんは、1人になった自分の今後を考えるようになっていました。特に、要介護や認知症になったときのことを意識するようになったのです。もしそうなっても、夫に頼ることはもうできません。自分の財産や生活を自分で守れるようにしておかなければならないのです。通帳の管理や各種支払いを代わりにしてもらえる人を立てておきたいと思っています。

そこで、夫の相続手続きで知り合った司法書士に相談し、後見人になってもらうことにしました。まだ涼子さんは元気なので、将来もし必要になった場合にお願いする「任意後見契約」を結びました。この方法だと、知っている人に将来のことを任せることができると説明を受けました。

また、先の話ではありますが、葬儀やお墓のことをその司法書士にお願いするつもりで相談しています。

自分の将来の準備がある程度でき、少し気持ちにゆとりが持てるようになりました。涼子さんは、以前出かけた桜の名所を訪れました。もうすでに桜は散り、辺り一面新緑が映える季節となっていたことに時間の経過を感じずにはいられません。

先に逝った夫の分まで毎日楽しく生きようと、涼子さんは空を見上げました。

成功事例その2
人生設計もオーダーメイド

高杉さん夫婦は、80歳を前に身の振り方を考え始めました。

夫婦ともに今は元気なのですが、気がつけば身の回りのことを人に任せることが増えていました。朝食は、夫の進次郎さんが妻の佳子さんの分まで用意しています。ただ、最近はお互い食欲が減ったので、昼食を兼ね１日２食となっています。夕食については、宅配業者を利用し毎日お弁当を注文しています。掃除は、ヘルパーにお願いしています。高杉さんは、2階建ての借家に住んでいます。最近使用するのはもっぱら1階のみです。膝がよくないこともあり、2階に上がることはまずありません。自分たちだけでは行き届かないので、ヘルパーに入ってもらっています。

そんな中、進次郎さんが交通事故に巻き込まれるという出来事が起きてしまいました。スーパーへ買い物に行く途中、車にぶつけられたのです。幸い命に別状はなかったのですが、転倒の際に脚を骨折してしまいました。リハビリに励みだいぶ回復してきましたが、全快には至っていません。

医師からは、自宅に戻っても介護が必要だろうと判断されました。そのため、病院からケアマネージャーを紹介され、要介護認定の申請を行うことになりました。

数カ月後、要介護2の判定を受けました。これまで元気に過ごしてきただけに、進次郎さんはショックを受けています。

入院中から進次郎さんは先行きを心配していました。〝幸い今回は退院できる見通しが立ったが、長期入院するようになった場合に自分や妻の生活は大丈夫だろうか〟と様々な不安がよぎります。周りからサポートを受けながら今は自宅で生活していますが、近い将来は施設に入らなければならないと考えています。

進次郎さんを担当することになったケアマネージャーの吉村さんも、今後の生活の組み立てに苦慮しています。自宅での生活が難しくなれば、施設に入ることが予想されます。その場合、もしどちらかが認知症になっていれば、契約の代行を誰かがしなければなりません。夫婦のどちらかが対応できればいいですが、それが難しい時が問題です。

本人たちの希望としては、契約事や金銭の管理を誰かにやってもらいたいと考えているようです。当初は、吉村さんに依頼してきました。しかし、吉村さんにはそれらに対応できる権限がないので、銀行などに代わりに行くことは難しいです。

2人の間には、娘が1人います。進次郎さんは、現役時代は商社に勤めており、海外生活が長く続きました。香港、シンガポール、北米と勤務先が変わる度に、家族も一緒に転居していました。

娘は、北米に移り住んだ際に、現地の人と結婚し今も海外で暮らしています。子どもも生まれ、すっかり現地の生活に馴染んでいます。そういった事情もあり、娘に自分たちのことを頼むのは難しい状況なのです。

高杉さん夫婦は、吉村さんと今後のためにいい方法はないか話し合いました。その結果、法律の制度を使ったらよいのではないかという結論に至りました。

後日、吉村さんの知り合いの司法書士に自宅に来てもらい、これまでの経緯や現状を説明しました。

話を聞いた司法書士は、2つの制度を提案しました。まず、1つ目が「財産管理等委任契約」というものです。〝怪我や病気で日常生活が不自由になりそう〟〝介護施設に入所し日常の財産管理が難しい〟といった場合に備え、あらかじめ代理人を立てておくものです。

２つ目が、「任意後見制度」です。〝将来認知症になったときのことが心配〟〝将来のことを任せる人を先に決めておきたい〟そのような場合には、成年後見制度の１つである任意後見制度が利用できるとのことでした。

ちなみに、同じ成年後見でも法定後見制度は、認知症になってから利用するものなのですぐには利用できないことも知りました。

説明を聞きながら、進次郎さんは、〝これだ！〟と好感触を得ました。すぐにでも依頼したかったのですが、妻の佳子さんの方はいまいち浮かない顔をしています。

司法書士が帰った後、高杉さん夫婦と吉村さんは、先程の説明を踏まえ話し合いました。進次郎さんが、「俺はいいと思うんだけど」と言うと、佳子さんの方は、「本当に大丈夫かしら？」と疑心暗鬼な様子。見かねた吉村さんは、「娘さんにも一度、同席してもらったらどうでしょうか？」と提案し、結論は先送りとなりました。

次の夏休みに娘が孫と一緒に帰国することになりました。このタイミングを逃すわけにはいかないと、娘を交え司法書士と再度打ち合わせを行いました。娘は、高杉さん夫婦が直接聞きづらいこともズバズバ質問します。実際にかかる費用やどういったことまで代行してもらえるかなど、根掘り葉掘り聞きました。

話している内に、すぐ動ける人が近くにいることの重要性を強く認識するようになりました。そして、娘が了承したこともあり、佳子さんも安心した様子でした。

高杉さん夫婦と司法書士とで、財産管理等委任契約と任意後見契約を締結することになりました。どちらも、何かあったときにお願いすることを決めておきます。高杉さん夫婦は、先々のことに思いを巡らせながら、お願いしておくことを考えていきました。

金融機関や郵便局との取引に関すること、保険契約に関すること、年金などの定期的な収入の受領に関すること、定期的な支払いに関すること、入院契約や介護契約に関すること、など自分たちが動けなくなったときのことを想定しながら、内容を詰めていきました。

　こうやって一つ一つ確認し決めておくことで、不安の芽を摘めるのだと進次郎さんは感じました。必要なときにおカネが下ろせないなどのリスクを回避できると思うと、少し元気が出てきました。

　依頼した司法書士とこのまま信頼関係が築けそうなら、先々では遺言を作成し遺言執行者にもなってもらおうと考えています。そうすれば、難しい法律の手続きを海外にいる娘がしなくて済むからです。

　それから、数年後。進次郎さんは、最後まで自宅で暮らしていましたが、ある日突然倒れ旅立ってしまいました。夫の死を機に、佳子さんは自宅の賃貸借契約を解約し、吉村さんの紹介で施設に入所しました。

　入所後、佳子さんは面倒なことは第三者に頼みたいということで、司法書士に財産管理を任せました。司法書士は、定期的に佳子さんと面会しています。というのも、もし佳子さんの判断能力が衰えることがあれば、任意後見に切り替える必要があるからです。

その後、娘から、クリスマスカードなどが司法書士に届くようになりました。その際、お礼を兼ね母親の佳子さんの様子をメールで報告しています。

成功事例その3
親子の絆で現代版〝隠居〟

伊藤さん（52歳、女性）は、いとこから聞いた叔母のことで頭がいっぱいです。

というのも、いとこの母親である叔母に成年後見人をつけたことを知ったのです。いとこの話では、母親の認知症が進んでしまい、本人の銀行口座が凍結されてしまったとのことでした。

一度凍結されてしまった口座を元に戻すためには、本人の承諾が必要との説明を銀行は繰り返します。無理やり本人を連れて行くことも考えましたが、本人が混乱してしまうので諦めたそうです。

他に何か方法はないかと色々調べた結果、成年後見制度があることを知りました。銀行に確認すると後見人であれば、母親の凍結されてしまった口座を再び利用することは可能、と回答を得ました。

手続きを行うにあたり専門家に相談することも検討しましたが、あまり費用をかけられないと判断し、自分たちで準備を行うことにしたそうです。家庭裁判所に何度か通いながら、成年後見人選任の申立てまで至ることができました。

申立書には後見人候補者という欄があったので、いとこの名前を記載したそうです。ところが、申立てから約1カ月経って家庭裁判所から送られてきた審判書を見て、いとこやその家族は驚くばかりでした。母親の後見人として、まったく面識のない専門家の名前が書かれていたのです。

家庭裁判所が決めたことなので仕方ないと思いつつも、自分がなぜ選ばれなかったのか心の中では納得できなかったそうです。

そんな中、後見人からは無事に口座を再開できたとの連絡を受けました。ここまで来るのに色々大変だったが、これで自由に母親の財産を使えると思った矢先、予想だにしない方向に話が進んでしまいました。

実は、いとこととしては、口座凍結の解除ができたら家のリフォーム資金に使用しようと考えていました。自宅は築40年以上経過し至るところが傷んでいます。そのため、母親のおカネを動かそうと考えていたのでした。

そのことを後見人に話し、資金を用意してもらおうとしました。ところが、後見人の反応はよくありません。

「すぐに引き出すことはできません。本人のために必要だという資料を用意してください」

と言われてしまう始末。しぶしぶ資料を用意することにしたのですが、リフォーム会社の見積書が事前に必要とのことです。それも、2社分です。さらに、家庭裁判所に提出する上申書というのも用意するように言われました。普段生活していて、上申書など作成したことはありません。

自分たちの家のことなのに第三者からストップされたようで、理解に苦しむばかりです。

一連の話を聞いて伊藤さんは、気が気ではありません。自分自身の親のことがとても心配になってきました。

最近、父親の調子があまりよくありません。ボーッとしていることが多く、食事もあまり取れていません。もし父親が入院したり、認知症になってしまったりした場合、いとこと同じように父親の財産を動かせなくなるのではとても不安です。

父親には、自宅と賃貸物件があります。父親としては、まとまったおカネが必要となった場合には、賃貸物件の方を売却してほしいと考えています。

伊藤さんは、仮に父親が施設に入ることになった場合、スムーズに物件を売却できるか自信がありません。管理会社の担当者が言うには、売却の際に父親の意思確認がいるとのことです。今なら大丈夫だとしても、数年後しっかりと意思表示できる保証はありません。

今からできる対策はないかと、伊藤さんは妹と一緒に調べ始めました。2人で書店を回っていると、「親の財産を守る家族信託」に関する本が目に留まりました。中身を少し読んでみると、自分たちに当てはまりそうです。早速購入し、読んでみることにしました。

本には、親の財産を家族に預けることができると書いてあります。さらに、裁判所を通す後見制度とは異なることも記されています。

伊藤さんたちはもっとよく知りたいと考え、専門家にも当たってみることにしました。とはいえ、どの専門家に尋ねたらよいか分からなかったので、賃貸物件に関する税金の申告を頼んでいる税理士に訊いてみることにしました。

税理士に事情を説明すると、家族信託を進めてもよいのではとアドバイスをもらいました。そして、税務的なことは自分が対応するが、今回は不動産も関係してくるので知り合いの司法書士を紹介するということになりました。

後日、司法書士に依頼し家族信託に関する契約書と名義変更を行うことになりました。父親が所有する賃貸物件を信託財産としました。信託財産の受託者を伊藤さんとし、妹を監督人としました。

また、信託口座を開設して、父親が生活に困らないよう金銭管理を行えるように設定しました。

一通りの手続きが終了し、伊藤さんだけではなく父親の方もホッとした様子でした。伊藤さんが、

「これで何とかなりそうだね。でも、預かる方は責任重大で大変よ」

と、父親に話しかけると、

「これで自分も隠居できる」

とボソッと言いました。

「お父さん、江戸時代じゃないんだから！」

と伊藤さんがツッコミを入れると、その場にいた家族全員が笑い出しました。

それから、数年後。父親はアルツハイマー型認知症を発症し、自宅での生活が難しくなったため、グループホームに入所することになりました。

伊藤さんは、父親の当初の意向に従い賃貸物件を売却することにしました。

信託契約を締結していたため、伊藤さんが契約主体となることができました。

つまり、父親ではなく伊藤さんの判断で売却できたのです。

売却代金は先に開設した信託口座に入金しました。今後は、そこから施設代等の父親に係る費用を捻出していきます。

売却手続きが無事に終わった後、伊藤さんは妹と2人でグループホームを訪れました。中に入ると、父親は他の入所者とともに甲子園の野球中継を見ている最中でした。

元々、温厚な性格だった父親。認知症が進み、ますます穏やかな姿となっています。売却のことがどこまで伝わったかは分かりませんが、2人の話を嬉しそうに聞いていました。

伊藤さんは、帰りの車の中で〝お父さん、安心して隠居生活を送ってね〟と呟きました。

後書き

読者の皆さま、最後までお読み頂きましてありがとうございました。

ところで、日本史はお好きでしょうか？　突然の質問ですが……。

幕末に坂本龍馬が考案したとされる〝船中八策〟は実は後世の創作だったと、歴史家から近年は指摘されるようになっています。船中八策とは、龍馬が長崎から兵庫に向かう船の中で土佐藩家老 後藤象二郎に提示した政権構想です。

この船中八策については、確かに一次史料はありません。明治以降になって龍馬に関する伝記の中で出てきたのが、最初だとされています。自由と海を愛する龍馬が船上で未来を見つめながら新しいビジョンを示す姿……。それがいつしか、名シーンとして物語からまるで歴史的事実かのようになり現代に語り継がれてきたのでしょう。

たとえ、船中八策がフィクションであったとしても、龍馬の評価が下がることは決してありません。なぜなら、265年続いた幕府を倒した後、日本をどのような国にするのか人一倍考え抜いていたのは紛れもない事実だからです。

船中八策の原案はありませんが、次の国の形を示した国家ビジョンである〝新政府綱領八策〟が残っています。龍馬が当時の開明的な人たちや外国商人らから学んだ英知が、そこには記載されています。筆者が住む北九州市のお隣にある下関市立歴史博物館と国立国会図書館に、150年以上経った今もその原本が保管されています。まさに龍馬が次の時代を見据え行動していたことが分かる一次史料です。

綱領には、やる気のある有能な人材を登用すること、議会を設置すること、憲法を制定することなど、新国家をつくる上での方向性と新制度の必要性が記されています。

龍馬は新政府綱領八策を示した直後に殺されてしまい、その後の国づくりに関わることはありませんでした。しかしながら、維新後に生き残った人たちが、新しい制度や統一基準を整えるべく活躍していきます。

２０２１年の大河ドラマ「青天を衝《つ》け」においても、主人公である渋沢栄一らが国や経済の新たな体制を構築するために奮闘する姿が描かれていました。もちろん、当時も利権や既得権益などが絡み合い、すべてが順風満帆だったわけではありません。しかし、熱い想いと前向きなエネルギーに溢れていました。


ひるがえって、現代の日本はどうでしょうか？

政治家を始めとするリーダーたちから、溢れる想いや課題に果敢にチャレンジする姿勢や覚悟が感じられるでしょうか？

成熟社会と言えば聞こえはいいですが、日本は超高齢社会に突入しています。しかも、「少子化対策」が何十年も前から叫ばれ続けながら、人口減少が止まることはありません。このような状況の中にあっては、社会構造や産業構造は変わっていかざるを得ません。

そのため、急速な社会変化に対応できる次の体制づくりをそれこそスピード感を持って行わなければならないのです。「現状維持は衰退につながる」というのは、古今東西にあって自明の理です。

本書でもお伝えしたように、超高齢社会そして認知症社会において、私たちは様々な課題に直面しています。課題を見て見ぬふりをできる状態ではないのです。どうすればよりよい体制づくりができるのかを真剣に考えなければなりません。上辺を取り繕うだけで、状況が改善するはずはありません。

今こそ、龍馬や新しい国づくりを担った先人の知恵と勇気を私たちは学ぶべきときなのです。

本書の執筆にあたって、本当に多くの方に支えて頂きました。ポプラ社の碇耕一さんには、執筆が上手くいくよう手配して頂きました。司法書士業務の合間を縫って、原稿を確認してくれた事務所職員にも感謝しています。

そして、本書を手に取って下さったすべての方に厚く御礼申し上げます。

岡 信太郎《おか・しんたろう》

司法書士。司法書士のぞみ総合事務所代表。

1983年生まれ。北九州市出身。関西学院大学法学部卒業後、司法書士のぞみ総合事務所を開設。政令指定都市の中で高齢化が最も進んでいる北九州市で、相続・遺言・後見業務を多数扱う。介護施設などの顧問を務め、連日幅広い層から老後の法的サポートに関する相談を受けている。

一般社団法人全国龍馬社中の役員や合気道祥平塾小倉北道場の代表（合気道四段）を務めている。

著書に『子どもなくても老後安心読本　相続、遺言、後見、葬式…』（朝日新書）、『済ませておきたい死後の手続き』（角川新書）、『改正のポイントからオンライン申請手続きまで　図解でわかる改正民法・不動産登記法の基本』（日本実業出版社）、『坂本龍馬 志の貫き方』（カンゼン）。監修本に『新版　身内が亡くなったあとの「手続」と「相続」』（三笠書房）がある。

著者エージェント　アップルシード・エージェンシー
カバーデザイン　bookwall

本書で紹介されている事例はすべて、個人が特定されないよう
変更を加えており、名前は仮名となっています。

ポプラ新書
219
財産消滅
老後の過酷な現実と財産を守る10の対策
2022年1月11日 第1刷発行
2022年2月8日 第2刷
著者
岡 信太郎
発行者
千葉 均
編集
碇 耕一
発行所
株式会社 ポプラ社
〒102-8519 東京都千代田区麹町 4-2-6
一般書ホームページ www.webasta.jp
ブックデザイン
鈴木成一デザイン室
印刷・製本
図書印刷株式会社

N.D.C.331/210P/18cm ISBN978-4-591-17224-7

P8201219

生きるとは共に未来を語ること　共に希望を語ること

昭和二十二年、ポプラ社は、戦後の荒廃した東京の焼け跡を目のあたりにし、次の世代の日本を創るべき子どもたちが、ポプラ（白楊）の樹のように、まっすぐにすくすくと成長することを願って、児童図書専門出版社として創業いたしました。

創業以来、すでに六十六年の歳月が経ち、何人たりとも予測できない不透明な世界が出現してしまいました。

この未曾有の混迷と閉塞感におおいつくされた日本の現状を鑑みるにつけ、私どもは出版人としていかなる国家像、いかなる日本人像、そしてグローバル化しボーダレス化した世界的状況の裡で、いかなる人類像を創造しなければならないかという、大命題に応えるべく、強靭な志をもち、共に未来を語り共に希望を語りあえる状況を創ることこそ、私どもに課せられた最大の使命だと考えます。

ポプラ社は創業の原点にもどり、人々がすこやかにすくすくと、生きる喜びを感じられる世界を実現させることに希いと祈りをこめて、ここにポプラ新書を創刊するものです。

未来への挑戦！

平成二十五年　九月吉日　　株式会社ポプラ社